Brandon Roberto Ramírez Wacuz

Fracking en México: su impacto en el ambiente y violaciones a DDHH

Brandon Roberto Ramírez Wacuz

Fracking en México: su impacto en el ambiente y violaciones a DDHH

Editorial Redactum

Imprint

Cover image: www.ingimage.com

Publisher:
Éditions universitaires européennes
is a trademark of
International Book Market Service Ltd., member of OmniScriptum Publishing Group
17 Meldrum Street, Beau Bassin 71504, Mauritius
Printed at: see last page
ISBN: 978-620-2-48511-1

Resumen

Haciendo uso de una amplia recopilación de notas periodísticas e investigaciones en la materia, el presente artículo proporciona un panorama de los impactos que genera la práctica del *fracking* en el medio ambiente y en los derechos humanos con miras a demostrar que su utilización y la de los combustibles fósiles no son una opción conveniente ni deseable para el futuro del planeta. El artículo explora las experiencias que otros países han tenido con el *fracking* y analiza con mayor detalle cómo se está desarrollando en México y de qué manera su implementación está afectando a una amplia gama de derechos humanos.

Palabras clave: *fracking*, gas de lutitas, medio ambiente, derechos humanos, México.

Abstract

Using a vast compilation of new reports and research on the subject, this article provides an overview of the impacts generated by the practice of fracking on the environment and human rights in order to demonstrate that their use and the fossil fuels are not a suitable or desirable option for the future of the planet. This article explores the experiences that other countries have had with fracking and discusses with more detail how it is being developed in Mexico and how its implementation is affecting a wide range of human rights.

Keywords: fracking, shale gas, environment, human rights, Mexico.

Sumario

I. Introducción

La práctica del *fracking* conlleva un peligro para el medio ambiente y para los recursos naturales que son afectados cuando ésta se lleva a cabo. Atenta contra la vida del planeta, altera ecosistemas y comunidades, daña la salud, repercute en los derechos humanos de las personas que son perjudicadas por su práctica y compromete el bienestar de generaciones futuras. Como se verá a lo largo del presente artículo, el *fracking* lesiona derechos civiles, políticos, sociales, económicos, ambientales y de los pueblos indígenas.

Haciendo uso de una amplia recopilación de notas periodísticas e investigaciones en la materia, el presente artículo brinda un panorama de los impactos que tiene la práctica del *fracking* en el medio ambiente y en los derechos humanos con el fin de demostrar que su utilización y la de los combustibles fósiles no son una opción conveniente ni deseable para el futuro del planeta. El texto explora las experiencias que otros países han tenido con el *fracking* y analiza con mayor detalle cómo se está desarrollando en México[1] y de qué forma su implementación está afectando a una amplia gama de derechos humanos.

II. Definición del *fracking*

La *fracturación hidráulica*, mejor conocida como *fracking*, es una técnica mediante la cual se extraen hidrocarburos no convencionales (petróleo/gas). Dicho de modo sencillo, consiste en perforar un pozo petrolero de manera vertical y luego horizontal e inyectar agua en el suelo a altísima presión con arena y una serie de sustancias químicas que sirven para fluidificar al petróleo y

---

[1] Para encontrar información actualizada y/o profundizar respecto de la práctica del *fracking* en México, se recomienda visitar la página de la Alianza Mexicana contra el Fracking, disponible en <http://nofrackingmexico.org/>.

gas no convencional y permitir su extracción, ya que las rocas en donde se encuentran atrapados no permiten su flujo.[2]

¿Por qué se utiliza el *fracking* para extraer petróleo y gas? Para responder a esta pregunta es necesario familiarizarse con los siguientes conceptos: *hidrocarburos convencionales, hidrocarburos no convencionales* y *pico del petróleo.* Sin embargo, antes de definirlos es importante comprender el proceso de formación del petróleo/gas y qué significa que sea un recurso no renovable.

El petróleo/gas se formó a partir de la descomposición de restos de animales y plantas que se fueron acumulando en el fondo de la tierra a lo largo de millones de años. Tales restos quedaron sepultados bajo múltiples capas de tierra y materiales que, debido a la presión y temperatura que ejercían, los transformaron en combustibles fósiles (petróleo, gas y carbón). Su formación tardó millones de años, y aunque actualmente ello siga sucediendo a partir de restos antiguos más recientes, no ocurrirá de manera lo suficientemente rápida como para continuar siendo utilizado como principal energía primaria. Es por esta razón que es un recurso no renovable.

La extracción del petróleo/gas comienza una vez que se ha detectado un yacimiento y se ha sondeado si contiene suficiente cantidad como para que su explotación sea rentable. El sondeo se realiza con una barrena muy potente instalada en una torre de perforación, que agujerea lentamente el suelo hasta llegar al punto donde está el yacimiento. A medida que el taladro avanza se van colocando tubos por donde el petróleo será conducido hasta la superficie. Una vez que ha sido abierto el pozo, se retira la torre, se instala una máquina de bombeo y se inicia la extracción del petróleo/gas.[3] Es así que se obtienen los *hidrocarburos convencionales.*

Cuando se ha extraído la primera mitad o la parte más superficial del petróleo/gas de un yacimiento –que por su facilidad de extracción, su buena calidad y su rentabilidad es denominado justamente *convencional*– se recurre a prácticas como el *fracking* que son capaces de penetrar con mayor profundidad el suelo y continuar la extracción. Una vez extraída la primera parte de un yacimiento se dice que se ha llegado a su *pico del petróleo*, lo cual significa que se ha agotado la parte más sencilla de extraer.[4] Es importante puntualizar que llegar al pico del petróleo de un yacimiento no significa que se ha acabado sino que más bien implica que se está acabando el petróleo/gas de fácil extracción y de buena rentabilidad.

---

2 Luca Ferrari, "Pico del petróleo convencional y costos del petróleo no convencional (*fracking*)", en Benjamín Robles Montoya (coord.), *Impacto social y ambiental del fracking*, México, Senado de la República, LXII Legislatura/Alianza Mexicana contra el Fracking, 2014, p. 31, disponible en <http://www.nofrackingmexico.org/libro.pdf>, página consultada el 3 de mayo de 2016.

3 Comunidad de Madrid, *El petróleo. El recorrido de la energía*, Madrid, Comunidad de Madrid/Repsol, 2002, p. 7, disponible en <http://www.fenercom.com/pdf/aula/recorrido-de-la-energia-el-petroleo.pdf>, página consultada el 4 de mayo de 2016.

4 Luca Ferrari, *op. cit.*, p. 23.

Llegar al pico del petróleo de un yacimiento significa que su petróleo barato se ha acabado; y esto generalmente supone que cada vez tendremos menos petróleo y cada vez se volverá más costoso y difícil extraerlo. Es relevante saber que a nivel global más de 40 países han alcanzado ya su pico del petróleo y están en declive.[5] Esto quiere decir que aproximadamente la quinta parte de todos los países en el mundo, si desea continuar extrayendo petróleo, deberá recurrir a métodos más costosos y difíciles que le permitan llegar a mayor profundidad en los yacimientos. Es por ello que cuando se llega a dicho punto se recurre a prácticas como el *fracking*.

Y es por la misma razón que a los recursos que se extraen de esas profundidades se les denomina *hidrocarburos no convencionales*, ya que no son de fácil extracción, son más costosos y su rentabilidad económica es menor comparada con la de los hidrocarburos convencionales. Asimismo, ello explica por qué nadie utiliza el *fracking* como primera opción para la extracción de hidrocarburos; es evidente que el petróleo/gas convencional se explota antes del no convencional por su bajo costo y calidad.

Los hidrocarburos no convencionales están atrapados en rocas que los contienen a profundidades de entre mil y cinco mil metros. Se hallan en forma de gotas de petróleo y gas atrapados en una sustancia impermeable, la cual se denomina lutitas o arcillas. Por eso se les llama *petróleo de lutitas* o *gas de lutitas* (en inglés *shale gas*).[6] Una manera de extraerlos, como se ha detallado, es mediante el *fracking*. Es importante indicar que estos yacimientos de *shale gas* y de petróleo de lutitas se conocen desde hace mucho tiempo, pero no se habían explotado justamente porque resultaba más rentable explotar los hidrocarburos convencionales. Fue cuando el precio del barril de petróleo rebasó los 80-90 dólares que se convirtió en una opción para explotar debido a que empezó a ser rentable;[7] sin embargo, su extracción no deja de tener un alto costo y consecuencias en muchos sentidos.

Desde el punto de vista energético, la energía que se invierte para su extracción es muy grande y la ganancia es muy pobre. Es un hecho que para producir energía se necesita invertir energía. Así, por ejemplo, el petróleo convencional que se sacaba en Texas en los años treinta tenía una relación de 100 a uno; es decir, para producir 100 barriles de petróleo se necesitaba gastar un barril de energía, con lo cual quedaban 99. Después, el petróleo convencional que se extraía en los años setenta empezó a ser 15 a uno. Ahora, en el caso del petróleo/gas no convencional la proporción es de tres a uno, lo que significa que de tres barriles que se sacan, uno se tiene que restar para

5 *Ibidem*, p. 26.
6 *Ibidem*, p. 30.
7 *Ibidem*, p. 32.

su producción.[8] Ello quiere decir que de 100 barriles que se obtienen, 33 son utilizados para su extracción, lo que nos deja con un total de 67 aproximadamente.

En síntesis, se ha recurrido a la práctica del *fracking* para poder continuar con la extracción y venta de petróleo y gas frente al declive de los hidrocarburos convencionales. Es importante preguntarse si la solución es seguir aferrándose a un modelo de extracción que continúe considerando al petróleo/gas como principal energía primaria o comenzar a transitar a otros paradigmas de obtención y manejo de energías. Como se expondrá en los siguientes apartados, el costo y las consecuencias del *fracking* son muy altos en muchísimos aspectos. Es un hecho que el petróleo/gas es un combustible que está muriendo. Se puede aseverar que estamos llegando al *fondo del barril*, figurada y literalmente, respecto a la utilización del petróleo y gas como principales fuentes de energía primaria.

III. Impactos del *fracking*

Llevar a cabo la práctica del *fracking* conlleva una serie de diversos impactos sobre el ambiente, los ecosistemas, las personas que participan en las operaciones y quienes viven en zonas aledañas a donde se realiza. En primera instancia, para poder extraer hidrocarburos no convencionales se requiere un uso excesivo de agua. En promedio, el agua que se inyecta es de entre nueve y 29 millones de litros por pozo.[9] Cuando ésta regresa a la superficie sólo lo hace aproximadamente entre 15% y 80%.[10] El resto de ella se filtra por medio de las fracturas, por lo que puede producir la contaminación de mantos subterráneos que abastecen de agua potable o que son utilizados para las cosechas o la ganadería.[11]

El agua que regresa a la superficie viene ya impregnada con las sustancias químicas utilizadas en el proceso de la fractura, por lo que ya no es apta para consumo humano o para actividades económicas. Estos millones de litros de agua contaminada pueden tener diversos *destinos*. Lo que acostumbran hacer los operadores del *fracking* es desecharlos en lagunas al aire libre, reinyectarlos en el subsuelo o llevarlos a plantas depuradoras de la zona que no suelen estar preparadas para

---

8 *Ibidem*, p. 36.

9 Claudia Campero Arena, "Impactos socioambientales en los procesos de fractura hidráulica", en Benjamín Robles Montoya (coord.), *op. cit.*, p. 41.

10 Claudia Lucía Valdés Aguirre, "El *fracking*: impactos ambientales y socioeconómicos", p. 3, disponible en <http://www.mufm.fr/sites/mufm.univ-toulouse.fr/files/claudia_lucia_valdes_aguirre.pdf>, página consultada el 3 de mayo de 2016.

11 Tom Philpott, "The Surprising Connection Between Food and Fracking", en *Mother Jones*, 30 de enero de 2013, disponible en <http://www.motherjones.com/tom-philpott/2013/01/foodfracking-connection-youve-never-thought-about>, página consultada el 3 de mayo de 2016.

ese tipo de contaminaciones.[12] En caso de no *depurar* el agua contaminada, su reinyección provoca que desde el subsuelo se contaminen tierras fértiles, aguas subterráneas y superficiales, e incluso que se generen sismos debido a que los fluidos reinyectados a alta presión causan el movimiento de fallas de la corteza terrestre.[13]

En cuanto a las sustancias químicas utilizadas en el *fracking* existe mucha falta de transparencia al respecto por parte de las empresas. El Centro Tyndall de la Universidad de Manchester fue uno de los primeros en analizar 260 sustancias químicas utilizadas en la práctica del *fracking*.[14] De ese total, 17 fueron consideradas tóxicas para organismos acuáticos, 38 tóxicas agudas, ocho cancerígenas probadas y otras seis sospechosas de serlo, siete son elementos mutagénicos y cinco producen efectos sobre la reproducción.[15] El resto de las sustancias químicas permanece en el misterio pero se sabe que el agua es mezclada con ácidos, bactericidas, estabilizadores de arcilla, inhibidores de corrosión, inhibidores de sarro y surfactantes, entre muchos otros.[16]

Por su parte, la asociación estadounidense The Endocrine Disruption Exchange –que estudia los efectos de las sustancias químicas en la salud–, utilizando las bases de datos de TOXNET y Hazardous Substances Database y estudios científicos publicados en la materia, ha identificado que existen sustancias químicas con efectos dañinos en la salud que son utilizadas en el *fracking*. De entre las sustancias analizadas hay algunas que producen cáncer y otras son tóxicas para la piel, los ojos, los sistemas digestivo, respiratorio y nervioso, entre otros.[17] También se han observado casos de migrañas continuadas, náuseas, alergias y problemas en el sistema respiratorio en personas que viven en zonas aledañas a las extracciones.[18]

Asimismo, el aire es contaminado cuando se lleva a cabo la práctica del *fracking*. Durante las extracciones se producen de manera inevitable fugas de gas natural (metano), el cual provoca un

[12] Asamblea contra la fractura hidráulica de Cantabria, "Impactos del *fracking*", disponible en <http://www.fracturahidraulicano.info/impactos.html>, página consultada el 3 de mayo de 2016.

[13] Víctor L. Bacchetta, "Geopolítica del *fracking*. Impactos y riesgos ambientales", en *Nueva Sociedad. Democracia y política en América Latina*, marzo-abril de 2013, disponible en <http://nuso.org/articulo/geopolitica-del-fracking-impactos-y-riesgos-ambientales/>, página consultada el 3 de mayo de 2016.

[14] Tyndall Centre for Climate Change Research, *Shale gas: a provisional assessment of climate change and environmental impacts*, Manchester, The Tyndall Centre-Universidad de Manchester, enero de 2011, p. 57, disponible en <http://www.tyndall.ac.uk/sites/default/files/tyndall-coop_shale_gas_report_final.pdf>, página consultada el 3 de mayo de 2016.

[15] *Idem.*

[16] *Idem.*

[17] TEDX. The Endocrine Disruption Exchange, "Chemicals in Oil and Gas Operations. Health", disponible en <http://endocrinedisruption.org/chemicals-in-natural-gas-operations/health>, página consultada el 3 de mayo de 2016. *Véase* el documento titulado "Spreadsheet".

[18] Asamblea contra la fractura hidráulica de Cantabria, *loc. cit.*

efecto invernadero 21 veces más potente que el dióxido de carbono.[19] Esto significa que contribuye al aumento de la temperatura del planeta (calentamiento global), lo que puede tener como consecuencias el aumento de sequías, el deshielo de casquetes, inundaciones y desertificaciones. También se sabe que el *fracking* provoca desde pequeños[20] a considerables sismos, los cuales pueden causar daños a viviendas, carreteras y paisajes.[21]

Un estudio publicado por la AEA Technology sobre los impactos ambientales del *fracking* en Europa muestra que hay otras consecuencias de su práctica. El ruido de las excavaciones y perforaciones, el movimiento que genera en la tierra y el desplazamiento de vehículos y maquinaria impactan a los vecinos y a los ecosistemas de la zona. Y aunque los niveles de ruido pueden variar dependiendo de la etapa en que se encuentre su implementación, la parte de la perforación, que dura alrededor de cuatro semanas, dura las 24 horas del día.[22] Además, puede degradar o eliminar por completo los ecosistemas de las inmediaciones a través de la excesiva extracción de agua, su separación mediante la construcción de nuevos caminos y/o la introducción de plantas, animales o microrganismos ajenos que lo alteren.[23] Finalmente, las excavaciones y perforaciones también tienen un impacto visual en el área debido a las modificaciones que las empresas deben realizar para montar su equipo en el lugar.[24]

Se han reportado casos de personas que viven en las inmediaciones de las excavaciones y perforaciones cuya salud ha empeorado significativamente. Un estudio realizado en Pennsylvania reveló que el número de problemas de la piel y respiratorios de las personas que viven en un radio de un kilómetro de las operaciones es significativamente mayor que en aquellas que no están tan cerca.[25] Muchas personas que viven cerca de las zonas de las operaciones han dejado de utilizar el agua de sus hogares para lavarse los dientes, ducharse y lavar su ropa, pues estiman que ha sido contaminada con los productos químicos del *fracking* y que ha sido la causante de una serie de

---

19 Javier Corral Jurado, "Presentación", en Benjamín Robles Montoya (coord.), *op. cit.*, p. 14.

20 Asamblea contra la fractura hidráulica de Cantabria, *loc. cit.*

21 Michael Behar, "Fracking's Latest Scandal? Earthquake Swarms", en *Mother Jones*, marzo-abril de 2013, disponible en <http://www.motherjones.com/environment/2013/03/does-fracking-cause-earthquakes-wastewater-dewatering>, página consultada el 4 de mayo de 2016.

22 AEA Technology, ***Support to the identification of potential risks for the environment and human health arising from hydrocarbons operations involving hydraulic fracturing in Europe***, Didcot, European Commission DG Environment, 2012, p. viii, disponible en <http://ec.europa.eu/environment/integration/energy/pdf/fracking%20study.pdf>, página consultada el 4 de mayo de 2016.

23 *Ibidem*, p. x.

24 *Ibidem*, p. xi.

25 Anastasia Pantsios, "Fracking Literally Makes People Sick, New Study Finds", en *EcoWatch*, 11 de septiembre de 2014, disponible en <http://ecowatch.com/2014/09/11/fracking-pennsylvania-people-sick/>, página consultada el 4 de mayo de 2016.

complicaciones en su salud.[26] También se han registrado casos de ganado que se ha enfermado en las zonas aledañas a las operaciones.[27]

Cuadro 1. Impactos del *fracking*

Acelera el calentamiento global.
Afecta los ecosistemas de los alrededores.
Causa diversas enfermedades en las personas.
Contamina mantos y aguas subterráneas y superficiales.
Contamina auditivamente.
Deteriora la calidad del aire.
Contamina tierras fértiles.
Daña la salud del ganado.
Emplea sustancias tóxicas, cancerígenas y mutagénicas.
Provoca sismos.
Usa cantidades excesivas de agua.

Fuente: Elaboración propia con base en la revisión bibliográfica del apartado III.

IV. La práctica del *fracking* en México

México alcanzó su pico del petróleo en 2004. Y aunque todavía cuenta con hidrocarburos convencionales, cada vez extrae una menor cantidad de ellos, tal como está sucediendo a nivel global.[28] Nuestro país se encuentra en el *top 10* de los países que poseen *shale gas* y petróleo no convencional, encontrándose en el séptimo u octavo lugar aproximadamente.[29] De acuerdo con un reporte emitido por la U. S. Energy Information Administration, México tiene un excelente potencial para desarrollar sus recursos de *shale gas* y petróleo no convencional de los depósitos

[26] Lynne Peeples, "Fracking Pollution Sickens Pennsylvania Families, Environmental Group Says", en *The Huffington Post,* 18 de octubre de 2012, disponible en <http://www.huffingtonpost.com/2012/10/18/fracking-pollution-pennsylvania_n_1982320.html>, página consultada el 4 de mayo de 2016.

[27] Jacki Schilke, "Livestock falling ill in fracking regions", en *NBC News,* 29 de noviembre de 2012, disponible en <http://investigations.nbcnews.com/_news/2012/11/29/15547283-livestock-falling-ill-in-fracking-regions>, página consultada el 4 de mayo de 2016.

[28] Luca Ferrari, *op. cit.*, p. 27.

[29] Shobhit Seth, "Countries With The Highest Fracking Potential", en *Investopedia,* 16 de septiembre de 2014, disponible en <http://www.investopedia.com/articles/investing/091614/countries-highest-fracking-potential.asp>, página consultada el 4 de mayo de 2016.

que se hallan a lo largo de la región del golfo.[30] Los principales se encuentran en las cuencas de Burgos, Sabinas, Tampico, Tuxpan y Veracruz.[31]

Pese a solicitudes de información realizadas en su mayoría por integrantes de la Alianza Mexicana contra el Fracking y otras organizaciones civiles y sociales, no se sabe con exactitud la ubicación geográfica de todos los pozos,[32] los procedimientos para cada uno, el presupuesto asignado para proyectos de exploración y explotación, y los acuerdos o concesiones a los que se ha llegado con empresas petroleras extranjeras. En general existe una falta de transparencia por parte del gobierno federal respecto al tema.[33]

La información con que se cuenta estima que el *fracking* se ha usado en México desde hace 13 años (2003) y que se han perforado por lo menos 924 pozos mediante esta práctica, los cuales se encuentran en Coahuila (47), Nuevo León (182), Puebla (233), Tabasco (13), Tamaulipas (100) y Veracruz (349).[34] Otro documento del gobierno federal revela que 1 323 pozos han sido perforados mediante el fracking hasta 2010 en el paleocanal de Chicontepec, entre Veracruz y el norte de Puebla, sin especificar si se han realizado actividades en otras regiones donde se sabe que hay depósitos de *shale gas*.[35]

La perforación de los pozos no ha quedado en manos de Petróleos Mexicanos (Pemex). Se ha contratado a empresas petroleras como Halliburton, Schlumberger y Baker Hughes,[36] lo que no era posible antes de la reforma energética[37] debido a que Pemex estaba obligado por el marco

[30] U. S. Energy Information Administration, *Technically Recoverable Shale Oil and Shale Gas Resources: Mexico*, Washington, D. C., EIA, septiembre de 2015, p. 9, disponible en <http://www.eia.gov/analysis/studies/worldshalegas/pdf/Mexico_2013.pdf>, página consultada el 4 de mayo de 2016.

[31] *Ibidem*, p. 11.

[32] La información más completa respecto de la ubicación de los pozos susceptibles de ser fracturados hidráulicamente, así como de las empresas con concesiones para cada yacimiento, se puede encontrar en el sitio de internet de CartoCrítica, el cual es un proyecto creado por Manuel Llano, quien es egresado de la Escuela de Comunicación de la Universidad Iberoamericana y de la maestría en Antropología Social de dicha universidad. Además, es especialista en estrategias para la conservación de la biodiversidad por el Instituto Tecnológico y de Estudios Superiores de Monterrey. CartoCrítica es una de las organizaciones integrantes de la Alianza Mexicana contra el Fracking, y está disponible en <http://www.cartocritica.org.mx/>.

[33] *Idem*.

[34] *Idem*.

[35] Comisión Nacional de Hidrocarburos, *Proyecto Aceite terciario del golfo. Primera revisión y recomendaciones*, México, Sener, 2010, p. 20, disponible en <http://www.cnh.gob.mx/_docs/ATG/ATG_primera_revision_8abril.pdf>, página consultada el 4 de mayo de 2016.

[36] CartoCrítica, "*Fracking* en México", 22 de mayo de 2015, disponible en <http://www.cartocritica.org.mx/2015/fracking-en-mexico/>, página consultada el 4 de mayo de 2016.

[37] El Senado de la República aprobó el 11 de diciembre de 2013 la reforma energética por 95 votos a favor y 28 en contra. La Cámara de Diputados lo hizo el 12 de diciembre con 354 votos a favor y 134 en contra. La reforma fue declarada constitucional por la Comisión Permanente el miércoles 18 de diciembre, gracias a la aprobación de 24 congresos de los estados de la república. El decreto fue promulgado el 20 de diciembre de 2013 y publicado en el *Diario Oficial de la Federación* el mismo día. *Véase* <http://www.dof.gob.mx/nota_detalle.php?codigo=5327463&fecha=20/12/2013>, página consultada el 4 de mayo de 2016.

constitucional a llevar a cabo por sí solo todas las actividades de la industria petrolera, sin importar las restricciones financieras, operativas o tecnológicas que enfrentase.[38]

En su exposición de motivos, el gobierno federal se muestra convencido de que a partir de la declinación del yacimiento de Cantarell –que ha llegado ya a su pico del petróleo–, que es considerado como el segundo yacimiento petrolero más importante del mundo, la prosperidad energética de México se encontrará en la exploración y explotación de los hidrocarburos no convencionales (el *shale gas* y el petróleo no convencional) y también reconoce que carece de la capacidad técnica, financiera y de ejecución para lograrlo.[39]

Asimismo, el gobierno federal asevera que la reforma tiene entre sus objetivos garantizar estándares internacionales de eficiencia, transparencia y rendición de cuentas –que no están cumpliendo–; impulsar el desarrollo con responsabilidad social y protegiendo al medio ambiente –que está comprobado que no es posible si se emplea el *fracking*–; reducir los riesgos financieros, geológicos y ambientales en las actividades de exploración y extracción de petróleo y gas –que el *fracking* no reduce sino que potencializa–, y desarrollar de manera sustentable el potencial energético que tiene México –lo cual no se puede lograr con dicha práctica ni mucho menos lidiando con los impactos que conlleva.[40]

V. Experiencias que han tenido otros países con la práctica del *fracking*

Estados Unidos es el país que más ha incursionado en la práctica del *fracking*. Esto le ha permitido convertirse en el principal productor a nivel global de *shale gas*.[41] Empero, las diversas protestas en su territorio para denunciar sus impactos en el ambiente y en las personas[42] han generado una amplia movilización social en otros países del mundo que han logrado moratorias o prohibiciones en su práctica.

[38] Gobierno de la República, *Reforma energética*, México, Gobierno de la República, s. f., p. 4, disponible en <http://cdn.reformaenergetica.gob.mx/explicacion.pdf>, página consultada el 4 de mayo de 2016.

[39] *Ibidem*, pp. 3 y 4.

[40] *Ibidem*, pp. 3 y 21.

[41] Lauren Carroll, "Obama: America is No. 1 producer of oil, gas", en *PolitiFact*, Washington, D. C., 21 de enero de 2015, disponible en <http://www.politifact.com/truth-o-meter/statements/2015/jan/21/barack-obama/obama-america-no-1-producer-oil-gas/>, página consultada el 5 de mayo de 2016.

[42] "Anti-fracking protest rocks NY governor's state of the state address", en *RT News*, 9 de enero de 2014, disponible en <https://www.rt.com/usa/fracking-protest-new-york-348/>, página consultada el 5 de mayo de 2016.

En diversos estados de Estados Unidos se han aprobado varias resoluciones que se oponen al *fracking*. Vermont se convirtió en el primero en acordar una prohibición en mayo de 2012,[43] Nueva York lo prohibió desde diciembre de 2014,[44] Maryland lo hizo en junio de 2015 por dos años y medio.[45] En el condado de Boulder, Colorado, en noviembre de 2014 se votó para extender una moratoria hasta julio de 2018;[46] en noviembre de 2014 el condado de Denton, Texas, aprobó su prohibición;[47] y en mayo de 2014 el condado de Santa Cruz, California, lo hizo también.[48]

En Canadá, en marzo de 2013, la provincia de Quebec presentó un proyecto de ley que impuso una moratoria de cinco años para las industrias interesadas en llevar a cabo el *fracking* en las inmediaciones del río San Lorenzo. Actualmente dicha moratoria está en efecto hasta que se adopte un régimen legislativo que supervise a las industrias extractivas.[49] En la ciudad argentina de Cinco Saltos en enero de 2013 se votó de manera unánime para prohibir la exploración y extracción de *shale gas* y petróleo mediante esta práctica.[50]

El primer país europeo y en el mundo en prohibir el *fracking* fue Francia, cuando el 30 de junio de 2011 el Parlamento francés votó para prohibir su práctica. El ex presidente Nicolás Sarkozy declaró que la medida se mantendría hasta que existiesen pruebas definitivas de que la explotación del petróleo y el gas no convencionales no daña el medio ambiente;[51] el gobierno de François

---

43 "Vermont first state to ban fracking", en *CNN*, 17 de mayo de 2012, disponible en <http://edition.cnn.com/2012/05/17/us/vermont-fracking/>, página consultada el 5 de mayo de 2016.

44 Maria Rodale, "Why All States Should All Have a New York State of Mind", en *The Huffington Post*, 7 de enero de 2015, actualizado el 9 de marzo de 2015, disponible en <http://www.huffingtonpost.com/maria-rodale/why-all-states-should-all_b_6416764.html>, página consultada el 5 de mayo de 2016.

45 Timothy Cama, "Maryland bans fracking", en *The Hill*, 1 de junio de 2015, disponible en <http://thehill.com/policy/energy-environment/243625-maryland-bans-fracking>, página consultada el 5 de mayo de 2016.

46 Gary Wockner, "Democracy at Its Best: Boulder County Extends Fracking Ban", en *EcoWatch*, 14 de noviembre de 2014, disponible en <http://ecowatch.com/2014/11/14/boulder-county-fracking-ban/?utm_source=EcoWatch+List&utm_campaign=86243d34db-Top_News_11_14_2014&utm_medium=email&utm_term=0_49c7d43dc9-86243d34db-85947201>, página consultada el 5 de mayo de 2016.

47 "Texas city bans fracking in its birthplace, court battles loom", en *Chicago Tribune*, 5 de noviembre de 2014, disponible en <http://www.chicagotribune.com/news/nationworld/chi-denton-fracking-ban-20141105-story.html>, página consultada el 5 de mayo de 2016.

48 Rory Carroll, "Santa Cruz becomes first California county to ban fracking", en *Reuters*, San Francisco, 20 de mayo de 2014, disponible en <http://www.reuters.com/article/california-fracking-idUSL1N0O700J20140521>, página consultada el 5 de mayo de 2016.

49 Alexandre Shields, "Gaz de schiste: Québec veut imposer son moratoire jusqu'à l'adoption d'un régime législatif", en *Le Devoir*, 15 de mayo de 2013, disponible en <http://www.ledevoir.com/environnement/actualites-sur-l-environnement/378256/moratoire-pour-l-industrie-du-gaz-de-schiste>, página consultada el 5 de mayo de 2016.

50 Mariel Matze, "Río Negro Town Bans 'Fracking'", en *The Argentina Independent*, 10 de enero de 2013, disponible en <http://www.argentinaindependent.com/currentaffairs/latest-news/newsfromargentina/rio-negro-town-bans-fracking/>, página consultada el 6 de mayo de 2016.

51 "Gaz de schiste: le Parlement interdit l'utilisation de la fracturation hydraulique", en *Le Monde*, 30 de junio de 2011, disponible en <http://www.lemonde.fr/planete/article/2011/06/30/gaz-de-schiste-le-parlement-interdit-l-utilisation-de-la-fracturation-hydraulique_1543252_3244.html>, página consultada el 5 de mayo de 2016.

Hollande ratificó esa decisión.[52] El segundo país europeo en prohibir la práctica del *fracking* fue Bulgaria, en enero del 2012, en el marco de grandes protestas. Al final su Parlamento decidió prohibir también actividades de prueba y exploración, no sólo de explotación.[53]

En Rumania, las promesas de prohibir el *fracking* contribuyeron a la elección del gobierno resultante en las elecciones de mayo de 2012. Sin embargo, aun cuando se estableció una moratoria, el gobierno no la respetó y concedió licencias para llevar a cabo perforaciones con el argumento de que la independencia energética de Rumania era posible si se estudiaban métodos y procedimientos para reducir las consecuencias del *fracking*. Actualmente, sus ciudadanos han llevado a cabo diversas protestas en las zonas afectadas para quejarse de la contaminación del ambiente, las aguas subterráneas y los sismos que generan las perforaciones.[54]

Alemania, por su parte, ha prohibido la práctica del *fracking* con propósitos económicos hasta 2021;[55] ello pese a que cuenta con la infraestructura para extraer, distribuir y exportar el *shale gas*, y que además importa 90% de su suministro de gas. Su decisión de prohibirlo radica en darle más importancia al agua potable y la salud de sus ciudadanos, según palabras de su ministra de Medio Ambiente, Barbara Anne Hendricks.[56]

En el municipio de Valle de Mena, España, en julio de 2012 la Junta de Gobierno Local de su Ayuntamiento se declaró libre de *fracking* ante la falta de información y transparencia del gobierno autónomo.[57] En Cantabria, una comunidad autónoma española, en abril de 2013 se votó de manera unánime para prohibir el *fracking*;[58] y en Cataluña, en julio de 2014 se prohibió dicha práctica pero recientemente, en abril de 2016, el Pleno del Tribunal Constitucional declaró

---

52 "Shale gas ban in France to remain, says Hollande", en *BBC News*, 15 de julio de 2013, disponible en <http://www.bbc.com/news/business-23311963>, página consultada el 5 de mayo de 2016.

53 Mirel Bran, "Bulgaria becomes second state to impose ban on shale-gas exploration", en *The Guardian*, 14 de febrero de 2012, disponible en <http://www.theguardian.com/world/2012/feb/14/bulgaria-bans-shale-gas-exploration>, página consultada el 5 de mayo de 2016.

54 "Romanian politicians switch from ban to full support", en *Fracking Romania*, disponible en <http://fracking.casajurnalistului.ro/english/>, página consultada el 5 de mayo de 2016.

55 Jan Hromadko y Harriet Torry, "Germany bans fracking till 2021", en *The Australian*, 7 de julio de 2014, disponible en <http://www.theaustralian.com.au/business/wall-street-journal/germany-bans-fracking-till-2021/news-story/94e08354e0c1a02a4594ac4f8f561376>, página consultada el 5 de mayo de 2016.

56 "Germany's Fracking Retreat", en *The Wall Street Journal*, 8 de julio de 2014, disponible en <http://www.wsj.com/articles/germany-bans-fracking-1404763231>, página consultada el 5 de mayo de 2016.

57 "Valle de Mena (Burgos) se declara municipio 'libre de *fracking*' ante la falta de información y transparencia", en *Europa Press*, Valladolid, 5 de julio de 2012, disponible en <http://www.europapress.es/castilla-y-leon/noticia-valle-mena-burgos-declara-municipio-libre-fracking-falta-informacion-transparencia-20120705173242.html>, página consultada el 5 de mayo de 2016.

58 "Shale-rich Spanish region votes to ban fracking", en *EurActiv.com*, 9 de abril de 2013, disponible en <http://www.euractiv.com/section/energy/news/shale-rich-spanish-region-votes-to-ban-fracking/>, página consultada el 5 de mayo de 2016.

inconstitucional la ley catalana que prohíbe la exploración y explotación de los yacimientos de hidrocarburos al establecer que invade competencias del Estado.[59]

En Escocia, Reino Unido, en enero de 2015 se prohibió la práctica del *fracking* mientras el gobierno realiza evaluaciones de salud pública que determinen la viabilidad de su implementación.[60] En Gales, la moratoria que tiene efecto desde enero de 2015 fue extendida por el gobierno en marzo de 2016.[61]

En Inglaterra se impuso una moratoria al *fracking* en noviembre de 2011 mientras se investigaban los eventos relacionados con unos sismos menores que ocurrieron en mayo y abril de 2011. Después, en diciembre de 2012 su secretario del Departamento de Energía y Cambio Climático, Edward Davey, anunció que levantaría la moratoria y permitiría la exploración de *shale gas* mediante la práctica del *fracking*, para lo cual se aplicarían nuevas regulaciones con el fin de prevenir sismos.[62] También mencionó que el *shale gas* contribuiría significativamente a su seguridad energética y reduciría sus importaciones de gas.[63]

Los esfuerzos de Inglaterra se están dirigiendo a la explotación del *shale gas* y al desarrollo de industrias relacionadas. Esto se reafirma con que recientemente, en diciembre de 2015, su gobierno concedió nuevas licencias para la exploración de *shale gas*. Las compañías interesadas deberán estar sujetas a una serie de *medidas de seguridad*, las cuales no son suficientes desde el punto de vista de los detractores del *fracking*.[64]

En Suiza, en 2011 se prohibió en el cantón de Friburgo la utilización del *fracking* en todo el territorio cantonal debido a que sus autoridades consideraron que no se han identificado de manera clara los impactos que la realización de perforaciones tiene en el ambiente y la contaminación

[59] "El TC declara inconstitucional la ley que prohíbe el 'fracking' en Catalunya", en *Europa Press*, Barcelona, 25 de abril de 2016, disponible en <http://www.europapress.es/catalunya/noticia-tc-declara-inconstitucional-ley-prohibe-fracking-catalunya-20160425152631.html>, página consultada el 5 de mayo de 2016.

[60] Emily Atkin, "Scotland just announced an indefinite ban on fracking", en *Climate Progress*, 28 de enero de 2015, disponible en <http://thinkprogress.org/climate/2015/01/28/3616690/scotland-bans-fracking/>, página consultada el 5 de mayo de 2016.

[61] "Wales Extends Moratorium on Fracking", en *Sputnik*, Moscú, 25 de marzo de 2016, disponible en <http://sputniknews.com/business/20160325/1036958959/wales-fracking-moratorium.html>, página consultada el 5 de mayo de 2016.

[62] Robert J. Alessi y Jeffrey D. Kuhn, "British government lifts year-old fracking moratorium", en *DLA Piper*, 20 de diciembre de 2012, disponible en <https://www.dlapiper.com/en/mexico/insights/publications/2012/12/british-government-lifts-yearold-fracking-morato__/>, página consultada el 5 de mayo de 2016.

[63] *Idem.*

[64] David Hellier, "UK government hands out new fracking licenses", en *The Guardian*, 17 de diciembre de 2015, disponible en <http://www.theguardian.com/environment/2015/dec/17/fracking-uk-government-hands-out-new-licences>, página consultada el 5 de mayo de 2016.

que conlleva. También resaltaron que el cantón prefiere enfocarse en el desarrollo de energías renovables en lugar de la extracción de combustibles fósiles.[65]

En Holanda, en julio de 2015 el gobierno introdujo una moratoria que se extenderá hasta 2020 mientras espera los resultados de una serie de estudios iniciados en 2013 que evaluarán los efectos sociales, ambientales y los posibles costos y ganancias de la extracción de *shale gas* en su territorio.[66]

La República Checa cuenta con una moratoria a partir de 2012 y hasta que promulgue una nueva legislación que regule la potencial exploración de las compañías extractivas interesadas en entrar en ese país.[67] En Luxemburgo, en abril de 2013 el *fracking* quedó prohibido cuando su Parlamento votó en contra de una moción para extraer *shale gas*. Además, varios miembros del Parlamento mencionaron que el *shale gas* no era del interés de Luxemburgo en su tránsito hacia el uso de fuentes de energía ecológicas y sustentables.[68]

En Portugal, en septiembre de 2015 la Algarve Surf and Marine Activities Association informó que el gobierno había firmado contratos para que en octubre de 2015 se comenzara la explotación de *shale gas* en Algarve, lo que significaba que la implementación del *fracking* era una cuestión de tiempo.[69] En septiembre de 2012 Sudáfrica levantó la moratoria que había establecido en la exploración de *shale gas*, aunque aseveró que cualquier tipo de producción no sucederá sino dentro de varios años. Sudáfrica es considerado el quinto país en poseer las reservas más grandes de *shale gas*.[70]

---

[65] "Switzerland joins worldwide ban on gas fracking", en *Coal Seam Gas News*, 23 de mayo de 2011, disponible en <http://coalseamgasnews.org/news/world/switzerland-joins-worldwide-ban-on-gas-fracking/>, página consultada el 6 de mayo de 2016.

[66] "Dutch government bans shale till 2020", en *Shale Gas International*, 13 de julio de 2015, disponible en <http://www.shalegas.international/2015/07/13/dutch-government-bans-shale-till-2020/>, página consultada el 5 de mayo de 2016.

[67] "Czechs eye moratorium on shale gas exploration", en *Chicago Tribune*, 7 de mayo de 2012, disponible en <http://articles.chicagotribune.com/2012-05-07/news/sns-rt-us-shale-czech-moratoriumbre84608l-20120507_1_shale-gas-czech-republic-drilling-method>, página consultada el 6 de mayo de 2016.

[68] "No fracking of shale gas in Luxembourg", en *Luxemburger Wort*, 9 de abril de 2013, disponible en <http://www.wort.lu/en/luxembourg/no-fracking-of-shale-gas-in-luxembourg-50a37ff8e4b0e83edf95f923>, página consultada el 6 de mayo de 2016.

[69] Algarve Surf and Marine Activities Association, "The OILGARVE Drilling Starts in October 2015 and in the horizon we have Fracking too", en *Change.org*, 9 de septiembre de 2015, disponible en <https://www.change.org/p/say-no-to-oil-rigs-in-the-algarve-diz-n%C3%A3o-%C3%A0s-plataformas-de-petr%C3%B3leo-no-algarve/u/13305668>, página consultada el 6 de mayo de 2016.

[70] Devon Maylie y Alexis Flynn, "South Africa Lifts Fracking Ban", en *The Wall Street Journal*, 7 de septiembre de 2012, disponible en <http://www.wsj.com/articles/SB10000872396390443589304577637382738533386>, página consultada el 6 de mayo de 2016.

Por otro lado, en Tasmania, Australia, se renovó la moratoria de un año que se había declarado en marzo de 2014. Ésta se aprobó en febrero de 2015 y se mantendrá por cinco años más.[71] En septiembre de 2013 los Países Bajos acordaron una prohibición temporaria por 18 meses hasta que más investigaciones respecto a sus impactos no se hiciesen;[72] después, en julio de 2015 se renovó la prohibición por cinco años más.[73] En Irlanda del Norte, en septiembre de 2015 su ministro de Medio Ambiente anunció la prohibición del *fracking*;[74] en Irlanda se encuentra prohibido también.[75]

A principios de enero de 2014 Polonia suavizó su legislación ambiental para permitir la reducción de restricciones a la práctica del *fracking*. Asimismo, ha demostrado un gran interés por explotar el *shale gas* y disminuir así su dependencia energética de Rusia.[76] Pero recientemente, en octubre de 2015, el número de licencias descendió casi a la mitad, pues diversas empresas petroleras han decidido retirarse ante los problemas geológicos, tecnológicos y la baja rentabilidad que conllevan los proyectos de exploración y extracción en esa región.[77]

Desde 2013 Ucrania le permitió a dos empresas petroleras que realizaran perforaciones en la frontera de las regiones de Kharkiv y Donetsk, también con la finalidad de reducir su dependencia energética de Rusia.[78] Sin embargo, en junio de 2015 las operaciones se detuvieron y las em-

---

71 Stephen Smiley, "Fracking banned for five years by Tasmanian Government", en *ABC*, 26 de febrero de 2015, disponible en <http://www.abc.net.au/news/2015-02-26/fracking-banned-for-five-years-by-tasmanian-government/6265378>, página consultada el 6 de mayo de 2016.

72 "The Netherlands puts temporary ban on fracking ahead of further research", en *Blue & Green Tomorrow*, 20 de septiembre de 2013, disponible en <http://blueandgreentomorrow.com/2013/09/20/the-netherlands-puts-temporary-ban-on-fracking-ahead-of-further-research/>, página consultada el 6 de mayo de 2016.

73 "UPDATE 1-Dutch government bans shale gas drilling for 5 years", en *Reuters*, Ámsterdam, 10 de julio de 2015, disponible en <http://www.reuters.com/article/netherlands-energy-shale-idUSL8N0ZQ2S720150710>, página consultada el 6 de mayo de 2016.

74 Claire Williamson, "Fracking banned in Northern Ireland for the first time", en *Belfast Telegraph*, Belfast, 28 de septiembre de 2015, disponible en <http://www.belfasttelegraph.co.uk/news/northern-ireland/fracking-banned-in-northern-ireland-for-the-first-time-31564424.html>, página consultada el 6 de mayo de 2016.

75 "Irish government rules out fracking in the Republic of Ireland", en *Belfast Telegraph*, Belfast, 18 de diciembre de 2015, disponible en <http://www.belfasttelegraph.co.uk/news/republic-of-ireland/irish-government-rules-out-fracking-in-the-republic-of-ireland-34298826.html>, página consultada el 6 de mayo de 2016.

76 Elena G. Sevillano, "La avanzadilla del 'fracking' en Europa", en *El País*, 25 de enero de 2014, disponible en <http://sociedad.elpais.com/sociedad/2014/01/25/actualidad/1390679223_027389.html>, página consultada el 6 de mayo de 2016.

77 Arthur Neslen, "Polish shale industry collapsing as number of licenses nearly halves", en *The Guardian*, 9 de octubre de 2015, disponible en <http://www.theguardian.com/environment/2015/oct/09/polish-shale-industry-collapsing-as-number-of-licenses-nearly-halves>, página consultada el 6 de mayo de 2016.

78 David Herron, "Ukraine's revolution stems from dependency on Russian natural gas and plans to frack themselves free of Russia", en *The Long Tail Pipe*, 19 de febrero de 2014, disponible en <http://longtailpipe.com/2014/02/19/ukraines-revolution-stems-fro/>, página consultada el 6 de mayo de 2016.

presas se retiraron debido a las hostilidades que se estaban desarrollando en las inmediaciones entre los activistas antiKiev y el ejército ucraniano.[79]

Rusia, por su parte, está siendo orillada a incursionar en la práctica del *fracking* al darse cuenta de que Estados Unidos se ha convertido en el principal productor a nivel global de *shale gas* y de que otros países europeos han buscado independizarse de sus importaciones de gas recurriendo a dicho proceso.[80] Pero a pesar de que sus reservas de *shale gas* son cinco veces más grandes que las de Estados Unidos, no cuenta con la capacidad tecnológica para extraerlo; además de que sus pozos no son tan fáciles de perforar como los que se encuentran en territorio estadounidense.[81] En enero de 2014 dos empresas petroleras comenzaron la primera perforación de cinco pozos en la formación Bazhenov, en Siberia, cuya exploración y explotación está proyectada por dos años.[82]

Finalmente, en la región de Sichuan, China, en agosto de 2013 dos empresas petroleras comenzaron con proyectos de extracción pese a que la zona es de alto riesgo sísmico.[83] La posición de China respecto al *fracking* es controvertida porque, al ser el principal consumidor de carbón en el mundo y el mayor contaminador del planeta, estima que su implementación *reduciría* el nivel de sus emisiones contaminantes.[84] A lo largo de 2014 se perforaron alrededor de 400 pozos, con lo que además planea competir contra la producción de *shale gas* de Estados Unidos.[85]

---

[79] David Herron, "Shell, Chevron, pull out of fracking deals in Ukraine citing the war with Separatists and Russia", en *The Long Tail Pipe*, 11 de junio de 2015, disponible en <http://longtailpipe.com/2015/06/11/6415/>, página consultada el 6 de mayo de 2016.

[80] Ilya Arkhipov y Anna Shiryaevskaya, "Putin Says Russia Needs to Rise to U. S. Shale-Gas Challenge", en *Bloomberg*, 11 de abril de 2012, disponible en <http://www.bloomberg.com/news/articles/2012-04-11/putin-says-russia-needs-to-rise-to-u-s-shale-gas-challenge-1->, página consultada el 6 de mayo de 2016.

[81] Kenneth Rapoza, "Fracking Russia: country rules on shale oil, if they can pull it out of the ground", en *Forbes*, 11 de junio de 2013, disponible en <http://www.forbes.com/sites/kenrapoza/2013/06/11/fracking-russia-country-rules-on-shale-oil-if-they-can-pull-it-out-of-the-ground/#20041920430b>, página consultada el 6 de mayo de 2016.

[82] Stephen Bierman, "Shell Venture Starts Fracking Giant Russian Shale Oil Formation", en *Bloomberg*, 13 de enero de 2014, disponible en <http://www.bloomberg.com/news/articles/2014-01-13/shell-venture-starts-fracking-giant-russian-shale-oil-formation>, página consultada el 6 de mayo de 2016.

[83] "Oil companies begin 'fracking' in China's most dangerous earthquake zone", en *RT News*, 1 de agosto de 2013, disponible en <https://www.rt.com/business/china-gas-shale-earthquake-895/>, página consultada el 6 de mayo de 2016.

[84] Marco Antonio Moreno, "China entra al fracking en yuanes y amenaza el arma principal de Estados Unidos", en *El Blog Salmón*, 18 de agosto de 2014, disponible en <http://www.elblogsalmon.com/economia/china-entra-al-fracking-en-yuanes-y-amenaza-el-arma-principal-de-estados-unidos>, página consultada el 6 de mayo de 2016.

[85] Sara Sjolin, "China's shale ambition: 23 times the output in 5 years", en *Market Watch*, 12 de febrero de 2015, disponible en <http://www.marketwatch.com/story/chinas-shale-ambition-23-times-the-output-in-5-years-2015-02-11>, página consultada el 6 de mayo de 2016.

Cuadro 2. ¿En dónde se permite la práctica del *fracking*?

Lugar	Estatus
China	Permitido
España, Cataluña	
Estados Unidos	
México	
Polonia	
Portugal	
Reino Unido, Inglaterra	
Rumania	
Rusia	
Sudáfrica	
Ucrania	
Canadá, Quebec	Moratoria
Estados Unidos, Colorado, condado de Boulder	
Holanda	
Reino Unido, Gales	
República Checa	
Alemania	Prohibido
Argentina, Cinco Saltos	
Australia, Tasmania	
Bulgaria	
España, Cantabria	
España, Valle de Mena	
Estados Unidos, California, condado de Santa Cruz	
Estados Unidos, Maryland	
Estados Unidos, Nueva York	
Estados Unidos, Texas, condado de Denton	
Estados Unidos, Vermont	
Francia	
Irlanda	
Irlanda del Norte	
Luxemburgo	
Países Bajos	
Reino Unido, Escocia	
Suiza, cantón de Friburgo	

Fuente: Elaboración propia con base en la revisión bibliográfica del apartado v.

VI. Derechos humanos y el impacto de la práctica del *fracking* en México

Con la aprobación de la reforma energética se dio paso a un nuevo marco normativo que vulnera y viola diversos derechos humanos. De entrada, en el artículo 96 de la Ley de Hidrocarburos[86] se establece que la industria de hidrocarburos es de utilidad pública, por lo que la exploración y extracción de estos recursos es de interés social y orden público. Por ello la realización de estas actividades tendrá prioridad sobre cualquier otro uso del territorio.[87] Lo anterior significa que en donde se considere que existen pozos de petróleo y gas no convencional –con fines de exploración– o se tenga comprobado –con fines de explotación–, dicha ley avalará la apropiación del terreno con el fin de que se lleven a cabo tales actividades.

Por otra parte, para la elaboración de esta ley no fueron consultados los pueblos indígenas antes de su aprobación en el Senado.[88] Ello debió haberse hecho, como lo establece el Convenio núm. 169 de la Organización Internacional del Trabajo (OIT)[89] en su artículo 6º, inciso *a*, debido a que es una medida legislativa que les afecta directamente.

Para poder cumplir con la exploración y extracción de hidrocarburos no convencionales, la Ley de Hidrocarburos le permite al Estado obligar a los dueños de los terrenos a que renten su propiedad a las empresas petroleras bajo las figuras conocidas como servidumbre legal, ocupación y afectación superficial.[90] El mismo artículo prevé que los propietarios desplazados tienen derecho a recibir, durante el tiempo que la empresa petrolera ocupe su territorio, un porcentaje de las ganancias que generen los recursos extraídos. Pero esto es irrelevante porque cuando la productividad del pozo disminuya –cuando ya no existan recursos que extraer– la empresa se retirará y les regresará a los dueños una propiedad con el agua y el subsuelo contaminados que representará un peligro para su salud, las zonas aledañas y sus ecosistemas, y las personas que viven en las inmediaciones; además de ser inservible para actividades económicas.

---

[86] Ley de Hidrocarburos, publicada en el *Diario Oficial de la Federación* el 11 de agosto de 2014, disponible en <http://www.dof.gob.mx/nota_detalle.php?codigo=5355989&fecha=11/08/2014>, página consultada el 7 de mayo de 2016.

[87] Alianza Mexicana contra el Fracking, "Análisis de las leyes secundarias en materia energética aprobadas por el Senado", 24 de julio de 2014, p. 1, disponible en <http://nofrackingmexico.org/wp-content/uploads/2014/07/An%C3%A1lisis-Leyes-Segunda-Parte-dict%C3%A1menes-Senado.pdf>, página consultada el 7 de mayo de 2016.

[88] *Ibidem*, p. 5.

[89] Organización Internacional del Trabajo, Convenio núm. 169 sobre pueblos indígenas y tribales en países independientes, adoptado por la Conferencia General de la OIT durante su 76ª reunión, Ginebra, 27 de junio de 1989, disponible en <https://www.scjn.gob.mx/libro/InstrumentosConvenio/PAG0365.pdf>, página consultada el 7 de mayo de 2016.

[90] Alianza Mexicana contra el Fracking, *doc. cit.*, p. 1.

Por otro lado, la Ley de la Industria Eléctrica menciona que tiene por finalidad promover el desarrollo sustentable de la industria eléctrica y garantizar el cumplimiento de las obligaciones de servicio público y universal, de energías limpias y de reducción de emisiones contaminantes.[91] Sin embargo en su artículo 3º, fracción XXII, inciso *n*, considera a las tecnologías de bajas emisiones de carbono conforme a estándares internacionales como energías limpias. El problema es que los interesados en llevar a cabo el *fracking* argumentan que ésta tiene emisiones bajas en carbono conforme a estándares internacionales, lo cual es absolutamente falso. Ello quiere decir que dicha ley considera al *fracking* como una energía *limpia* y que por lo tanto puede contribuir al *desarrollo sustentable* de México.

Por su parte, la Ley de la Agencia Nacional de Seguridad Industrial y de Protección al Medio Ambiente del Sector Hidrocarburos menciona que el objetivo de dicha agencia es la protección de las personas, el medio ambiente y las instalaciones del sector hidrocarburos,[92] pero en dicha ley no se incluye el *principio precautorio* respecto del medio ambiente como base fundamental para la toma de sus decisiones. Este principio es esencial para asegurar que la agencia no otorgue autorizaciones ambientales contrarias a la preservación ambiental, el bienestar social y los derechos humanos.[93]

El *principio precautorio* está establecido en el principio 15 de la Declaración de Río sobre el Medio Ambiente y el Desarrollo.[94] En él se establece que los "Estados deberán aplicar ampliamente el criterio de precaución conforme a sus capacidades y cuando haya peligro de daño grave o irreversible, la falta de certeza científica absoluta no deberá utilizarse como razón para postergar la adopción de medidas eficaces en función de los costos para impedir la degradación del medio ambiente". El enfoque preventivo implica que los Estados tienen la obligación no de generar el *menor* impacto posible en sus prácticas sino de evitar daños potenciales al medio ambiente a futuro, haciendo todo lo que se encuentre en sus manos para lograrlo.

La Ley de la Agencia Nacional de Seguridad Industrial y de Protección al Medio Ambiente del Sector Hidrocarburos tampoco establece mecanismos de transparencia, acceso a la información, rendición de cuentas y participación pública en el Procedimiento de Evaluación de Impacto

---

[91] Ley de la Industria Eléctrica, publicada en el *Diario Oficial de la Federación* el 11 de agosto de 2014, disponible en <http://www.dof.gob.mx/nota_detalle.php?codigo=5355986&fecha=11/08/2014>, página consultada el 7 de mayo de 2016.

[92] Ley de la Agencia Nacional de Seguridad Industrial y de Protección al Medio Ambiente del Sector Hidrocarburos, publicada en el *Diario Oficial de la Federación* el 11 de agosto de 2014, disponible en <http://www.diputados.gob.mx/LeyesBiblio/pdf/LANSI_110814.pdf>, página consultada el 7 de mayo de 2016.

[93] Alianza Mexicana contra el Fracking, *doc. cit.*, p. 4.

[94] Declaración de Río sobre el Medio Ambiente y el Desarrollo, aprobada por la Conferencia de las Naciones Unidas sobre el Medio Ambiente y el Desarrollo del 3 al 14 de junio de 1992, disponible en <http://www.un.org/spanish/esa/sustdev/agenda21/riodeclaration.htm>, página consultada el 8 de mayo de 2016.

Ambiental de los proyectos de hidrocarburos.[95] Esto no ha cambiado a pesar de que ya se han hecho solicitudes de acceso a la información para conocer a detalle el número de pozos, los procedimientos utilizados para extraer el gas, y los acuerdos o concesiones a los cuales ha llegado el Estado con las empresas petroleras. Como ya se ha mencionado, hay una falta de transparencia por parte del gobierno federal respecto del tema.

En general, las disposiciones legales existentes en materia de conservación del medio ambiente y evaluación del impacto social y ambiental de los proyectos de extracción son ineficaces y no le otorgan una verdadera protección al medio ambiente ni a las personas frente a la práctica del *fracking*, debido a que no se entran en el *principio precautorio*. Esto se hace evidente en el artículo 121 de la Ley de Hidrocarburos[96] y en el artículo 120 de la Ley de la Industria Eléctrica,[97] que indican que los interesados en obtener un permiso o una autorización para desarrollar proyectos en materia de hidrocarburos o en la industria eléctrica deberán presentar ante la Secretaría de Energía una evaluación del impacto social y ambiental que podría derivarse de sus actividades. Ello significa que si bien los proyectos eléctricos y de hidrocarburos estarán sujetos a una *evaluación*, los impactos socioambientales ya están *justificados* al considerar a los hidrocarburos no convencionales como una energía *limpia* que desarrollará de manera *sustentable* a México.[98]

Respecto de la obligación que tienen las autoridades de llevar a cabo una consulta pública a las comunidades y pueblos indígenas cada vez que se apliquen medidas que les afecten directamente, si bien en los artículos 120 de la Ley de Hidrocarburos[99] y 119 de la Ley de la Industria Eléctrica[100] se establece que se realizarán los procedimientos de consulta previa, libre e informada que sean necesarios para su salvaguarda, en realidad no están partiendo del principio de buena fe como debería hacerse según lo establece el artículo 6.2 del Convenio núm. 169 de la OIT,[101] ya que en el artículo 120, párrafo tercero, de la Ley de Hidrocarburos –el cual se puede extrapolar a la Ley de la Industria Eléctrica– se indica que los procedimientos de consulta tendrán como objeto alcanzar acuerdos o, en su caso, el consentimiento conforme a la normatividad aplicable. Esto significa que si no se llega a un consenso en el cual estén de acuerdo los pueblos indígenas, de cualquier manera el Estado podrá desplazarlos de su territorio, debido a que la normatividad

---

[95] Alianza Mexicana contra el Fracking, *doc. cit.*, p. 4.

[96] Ley de Hidrocarburos, artículo 121.

[97] Ley de la Industria Eléctrica, artículo 120.

[98] Gobierno de la República, *op. cit.*, pp. 3 y 21.

[99] Ley de Hidrocarburos, artículo 120.

[100] Ley de la Industria Eléctrica, artículo 119.

[101] Organización Internacional del Trabajo, Convenio núm. 169 sobre pueblos indígenas y tribales en países independientes, artículo 6.2.

aplicable establece el uso de la servidumbre legal y que la industria de hidrocarburos es de utilidad pública y de interés superior.

Finalmente, aun cuando en México se cuenta con disposiciones constitucionales que garantizan el goce y la protección de los derechos humanos reconocidos en la Constitución y en los tratados internacionales de los que el Estado mexicano es parte,[102] el marco normativo que introdujo la reforma energética afecta el disfrute y la garantía de una amplia gama de derechos humanos reconocidos en tales instrumentos que se ven perjudicados por la práctica del *fracking*. La reforma y sus leyes secundarias por supuesto chocan de forma directa con lo dispuesto en el artículo 1º, párrafos primero, segundo y tercero, de la Constitución Política de los Estados Unidos Mexicanos,[103] en donde las autoridades han puesto por encima de esta gama de derechos humanos la explotación de hidrocarburos no convencionales. Ello deja en claro que las autoridades no les brindarán a las personas la protección más amplia a sus derechos humanos ni los promoverán, respetarán, protegerán y garantizarán frente al ejercicio del *fracking*, dejando de lado la aplicación del *principio pro persona*.

Es un hecho que la puesta en práctica del *fracking* en México ya ha causado diversos impactos que se traducen en violaciones a los derechos humanos. Con la práctica del *fracking* se encuentra comprometido el territorio de 13 pueblos indígenas, que representa un total de 281 000 hectáreas. En primer lugar está el pueblo chontal de Tabasco, con 85% (27 770 hectáreas); le siguen el pueblo totonaca, con 38% (96 712 hectáreas), y el popoluca, con 31% (28 299 hectáreas). También los pueblos indígenas chinanteco, chol, huasteco, mazateco, mixe, náhuatl, otomí, tzotzil, zapoteco y zoque se encuentran en riesgo de ser invadidos y despojados de sus tierras.[104]

Ya han ocurrido casos así. En las serranías del norte y las tierras bajas de la Huasteca, las empresas petroleras Schlumberger y Halliburton ya operan varios pozos. De acuerdo con testimonios, cuando las comunidades exigieron que les arreglaran una carretera que dejaron inservible se envió a la fuerza pública y el gobierno de Puebla encarceló a algunos de ellos.[105] La serie de abusos que han experimentado las comunidades y la falta de transparencia alrededor de los proyectos de exploración en la zona dieron como resultado que varios de los pobladores decidieran crear

---

[102] Constitución Política de los Estados Unidos Mexicanos, publicada en el *Diario Oficial de la Federación* el 5 de febrero de 1917; última reforma publicada el 29 de enero de 2016, disponible en <http://www.diputados.gob.mx/LeyesBiblio/pdf/1_29ene16.pdf>, página consultada el 9 de mayo de 2016.

[103] *Idem.*

[104] Érika Ramírez, "Transnacionales sobre el territorio de 2 mil 500 comunidades campesinas", en *Contralínea*, 4 de enero de 2015, disponible en <http://www.contralinea.com.mx/archivo-revista/index.php/2015/01/04/trasnacionales-sobre-el-territorio-de-2-mil-500-comunidades-campesinas/>, página consultada el 8 de mayo de 2016.

[105] Hermann Bellinghausen, "Alarma en la Huasteca ante la embestida del *fracking*", en *La Jornada*, México, 1 de marzo de 2015, disponible en <http://www.jornada.unam.mx/2015/03/01/politica/002n1pol>, página consultada el 8 de mayo de 2016.

la Coordinadora Regional de Acción Solidaria en Defensa del Territorio Huasteca-Totonacapan (Corason) con la finalidad de proteger sus tierras. Mencionan que los impactos del *fracking* son visibles, pues ya se han contaminado muchos ríos y manantiales con los derrames; ha crecido el número de enfermedades relacionadas con el cáncer, enfermedades de la piel, y males respiratorios y auditivos. Asimismo, mencionan que hay pozos cuyas enormes flamas se elevan en medio de las comunidades y hacen que las noches parezcan días; y que además hay turbinas que trabajan todo el día y afectan su audición.[106]

Por su parte, los habitantes de Papantla, Veracruz, se enteraron en mayo de 2015 de que ya se estaban llevando a cabo proyectos de extracción en su territorio utilizando la práctica del *fracking*. El gobierno no los consultó ni les informó de las operaciones. En este territorio están asentadas comunidades totonacas; los efectos del *fracking* sobre su salud, si bien no son inmediatos, sí se han sentido en las inmediaciones. Los pobladores han notado un incremento en los casos de cáncer y de enfermedades respiratorias como alergias. Y respecto al impacto ambiental, han denunciado un gran desperdicio de agua. Uno de los pobladores, al descubrir un pozo en su terreno, decidió colocar una cerca con alambre alrededor para que Pemex se limitara a entrar pero la empresa interpuso una demanda contra el ejidatario frente a tal situación.[107]

Esto no es todo, el *fracking* ha causado otros impactos. Además de la gente que se ha enfermado en las inmediaciones de donde se llevan a cabo proyectos de extracción y de la contaminación de tierras, subsuelos y aguas, ha habido otras consecuencias. En los municipios de Los Ramones, General Teherán y Anáhuac, en Nuevo León, los vecinos que se encontraban en un radio de 60 kilómetros alrededor del pozo en donde se llevaron a cabo perforaciones mediante el *fracking* indicaron que sus viviendas fueron agrietadas, sus ventanas se rompieron y sus pisos se levantaron debido a la actividad sísmica que se derivó de las perforaciones.[108]

Las actividades sísmicas también ocasionaron que se cayeran pedazos de una primaria en el municipio de General Teherán. Había niños tomando clases cuando ello sucedió, pero nadie falleció ni sufrió algún percance. La Secretaría de Educación Pública le indicó al personal responsable de dicha primaria que continuara con sus actividades, pero no le proporcionó recursos para remo-

[106] Leticia Ánimas, "Nace Corason contra el *fracking* en la Huasteca y el Totonacapan", en *Regeneración*, 27 de junio de 2015, disponible en <http://regeneracion.mx/nace-corason-contra-el-fracking-en-la-huasteca-y-el-totonacapan/>, página consultada el 8 de mayo de 2016.

[107] Xanath Lastiri, "Papantla despierta, y en su patio hay *fracking*; ¿quién lo hizo sin nosotros?, reclama", en *SinEmbargo.mx*, 22 de noviembre de 2015, disponible en <http://www.sinembargo.mx/22-11-2015/1558554>, página consultada el 9 de mayo de 2016.

[108] Sanjuana Martínez, "La explosión, como ronquido que sale de la tierra y todo vibra; nunca sentí nada igual", en *La Jornada*, México, 16 de marzo de 2014, disponible en <http://www.jornada.unam.mx/2014/03/16/politica/007n1pol>, página consultada el 9 de mayo de 2016.

delarla ni implementar medidas de seguridad.[109] Autoridades mexicanas insisten en que no hay evidencia de que el *fracking* ocasione sismos;[110] sin embargo, un estudio realizado por la Universidad Autónoma de Nuevo León confirma que existe una relación entre el aumento de sismos y la práctica del *fracking*.[111]

Frente a tal situación, se han llevado a cabo diversas protestas en contra de la implementación y el avance del ejercicio del *fracking*. La Alianza Mexicana contra el Fracking ha organizado manifestaciones y difundido información de manera constante respecto de los peligros de su implementación en México. Se han realizado marchas en Chihuahua, Torreón, Saltillo, Monterrey, Jalapa, San Luis Potosí, Distrito Federal,[112] Poza Rica[113] y Papantla.[114] Y a pesar de que hasta el momento no se han registrado acciones represivas sistemáticas que inhiban el derecho a la protesta contra el *fracking*, el marco normativo que dejó la reforma energética lo criminaliza, ya que representa un *obstáculo* para la implementación de la exploración y extracción de hidrocarburos no convencionales.[115]

En dicho contexto, organizaciones de la sociedad civil agrupadas en el Frente por la Libertad de Expresión y la Protesta Social, así como la Alianza Mexicana contra el Fracking y el Colectivo por la Transparencia en México han solicitado al Instituto Nacional de Transparencia, Acceso a la Información y Protección de Datos Personales, y a la Comisión Nacional de los Derechos Humanos que inicien el procedimiento correspondiente de control constitucional en el marco de sus competencias para garantizar la protección y garantía de los derechos a la libertad de expresión, información y manifestación.[116] Se temen futuras represiones en el marco de manifestaciones y protestas en contra del *fracking* y su implementación en nuevos pozos petroleros.

---

[109] Sanjuana Martínez, "Los temblores causados por el *fracking* ya causaron daño en una primaria de NL", en *La Jornada*, México, 30 de marzo de 2014, disponible en <http://www.jornada.unam.mx/2014/03/30/politica/010n1pol>, página consultada el 9 de mayo de 2016.

[110] Leticia Ánimas, *op. cit.*

[111] Emilio Godoy, "*Fracking* y sismos van de la mano en México", en *Regeneración*, 9 de abril de 2014, disponible en <http://regeneracion.mx/fracking-y-sismos-van-de-la-mano-en-mexico/>, página consultada el 9 de mayo de 2016.

[112] Becky Santoyo, "México se suma a las protestas contra el *fracking*", en *Veo Verde*, 10 de octubre de 2014, disponible en <https://www.veoverde.com/2014/10/mexico-se-suma-a-las-protestas-contra-el-fracking/>, página consultada el 9 de mayo de 2016.

[113] "Protestan contra el *fracking* en la marcha de la UV", en *Regeneración*, 11 de marzo de 2016, disponible en <http://regeneracion.mx/protestan-contra-el-fracking-en-la-marcha-de-la-uv/>, página consultada el 9 de mayo de 2016.

[114] Leticia Ánimas, "Comunidades totonacas de Veracruz se preparan contra el *fracking*", en *Regeneración*, 25 de octubre de 2015, disponible en <http://regeneracion.mx/comunidades-totonacas-de-veracruz-se-preparan-contra-el-fracking/>, página consultada el 9 de mayo de 2016.

[115] Miguel Concha, "Hidrocarburos y criminalización de la protesta social", en *La Jornada*, México, 26 de diciembre de 2015, disponible en <http://www.jornada.unam.mx/2015/12/26/opinion/015a2pol>, página consultada el 9 de mayo de 2016.

[116] *Idem.*

Todo lo anterior sucede pese a que los estándares de derechos humanos están reconocidos como superiores a otro tipo de justificaciones en la creación de leyes y toma de decisiones por parte de los Estados, como la utilidad, el análisis costo-beneficio, el valor económico y la política social, entre otros; además, funcionan como un mínimo moral para el comportamiento de los Estados y actores no gubernamentales.[117]

Es importante saber que respecto a la responsabilidad de las empresas en materia de derechos humanos, la Organización para la Cooperación y el Desarrollo Económicos cuenta con una guía que indica que éstas deberían respetar todos los derechos humanos cuando operen, independientemente de si los gobiernos en turno están cumpliendo o no con sus obligaciones, como en el caso de México.[118]

Por su parte, la Organización de las Naciones Unidas cuenta con 31 principios rectores sobre las empresas y los derechos humanos.[119] Al aplicar dichos principios a la práctica del *fracking* se deriva una serie de responsabilidades: los Estados se encuentran obligados legalmente a proteger a las personas y a las comunidades de las violaciones a derechos humanos causadas o potencialmente causadas por el *fracking*; las empresas petroleras son responsables de tomar medidas para evitar y abstenerse de causar violaciones a derechos humanos en sus operaciones. Cuando ocurre una violación a derechos humanos relacionada con la práctica del *fracking*, las víctimas tienen derecho a una reparación del daño, ya sea por medio de un recurso judicial o a través de algún medio de solución alternativa de conflictos que garantice la protección a sus derechos, escuche la situación y repare el daño.[120]

Finalmente, es importante mencionar que recientemente, en enero de 2016, una larga lista de personas e instituciones le escribieron una carta al Grupo de Trabajo sobre derechos humanos y empresas transnacionales y otras empresas comerciales, en la cual le expresaban su preocupación por la creciente implementación de la práctica del *fracking* en el mundo. En ella, le advierten de

---

[117] Environment and Human Rights Advisory, *A Human Rights Assessment of Hydraulic Fracturing for Natural Gas*, Yachats, EHRA, 2011, p. 11, disponible en <https://www.earthworksaction.org/files/publications/EHRA_Human-rights-fracking-FINAL.pdf>, página consultada el 9 de mayo de 2016.

[118] OECD Watch, *Calling for Corporate Accountability: A Guide to the 2011 OECD Guidelines for Multinational Enterprises*, OECD Watch, 2013, p. 18, disponible en <http://www.oecdwatch.org/publications-en/Publication_3962/>, página consultada el 9 de mayo de 2016.

[119] Oficina del Alto Comisionado de las Naciones Unidas para los Derechos Humanos, *Principios Rectores sobre las Empresas y los Derechos Humanos. Puesta en práctica del marco de las Naciones Unidas para "proteger, respetar y remediar"*, Nueva York y Ginebra, OACNUDH, 2011, disponible en <http://www.ohchr.org/Documents/Publications/GuidingPrinciplesBusinessHR_SP.pdf>, página consultada el 9 de mayo de 2016.

[120] Jorge Daniel Taillant *et al.*, *Human Rights and the Business of Fracking. Applying the UN Guiding Principles on Business and Human Rights to Hydraulic Fracturing*, CHRE, 2015, p. 61, disponible en <http://wp.cedha.net/wp-content/uploads/2015/11/Fracking-and-UNGPs-Draft-2-September-29-2015.pdf>, página consultada el 9 de mayo de 2016.

los riesgos que conlleva y le piden que documente y trate el tema, ya que es de gran importancia para su mandato debido a las implicaciones que tiene dicha práctica para el goce y disfrute de los derechos humanos.[121]

¿Qué se puede hacer entonces frente a la práctica del *fracking* cuando el Estado mexicano se ha pronunciado en favor de la extracción de hidrocarburos no convencionales por encima de nuestros derechos humanos? Sin lugar a dudas la mejor medida para salvaguardar tales derechos frente al *fracking* es lograr que en México se prohíba su práctica; pero como actualmente se está llevando a cabo un proceso opuesto a su prohibición, nos queda organizarnos para dar a conocer a más personas sus impactos, hacer esfuerzos para que se respeten y garanticen nuestros derechos humanos reconocidos en la Constitución y en los tratados internacionales mediante la expresión de nuestro descontento y la realización de foros y presentación de datos duros que le hagan ver al Estado que el *fracking* no es la solución para lograr la prosperidad energética y el desarrollo sustentable de México.

También, frente a las acciones u omisiones que realicen el Estado o las empresas petroleras y que vulneren nuestros derechos humanos, se debe hacer un esfuerzo para agotar los recursos internos y hacer llegar los casos al sistema interamericano de derechos humanos con la finalidad de que se sienten precedentes y eventualmente esperar que el Estado mexicano prohíba el ejercicio del *fracking*. Asimismo, se deben documentar de manera constante los abusos y violaciones que se desprenden de su práctica para poder presentarlos como insumos en los foros correspondientes y como evidencias en los casos que se lleguen a construir para enviarlos a los Grupos de Trabajo correspondientes de las Naciones Unidas y para ser presentados en informes sombra cuando corresponda.

Por último, es importante insistirle al Estado sobre el cumplimiento adecuado de sus obligaciones en materia de derechos humanos. Es inadmisible que la explotación de hidrocarburos no convencionales esté por encima de nuestros derechos, y que por ello el Estado deje de cumplir con sus respectivos deberes. Otra medida es insistir en el establecimiento de mecanismos de transparencia, acceso a la información, rendición de cuentas, participación pública y consulta a comunidades y pueblos indígenas que sean eficaces y no protocolarios. Finalmente, se debe pugnar por la inserción de los principios *precautorio* y *pro persona* en las leyes secundarias de la reforma energética; así como por la eliminación de la figura de la servidumbre legal.

[121] Josh Fox *et al.*, "500+ orgs. call on UN Working Group to investigate human rights & environmental impacts of fracking", en *Business & Human Rights Resource Centre*, 25 de enero de 2016, disponible en <http://business-humanrights.org/en/letter-to-un-working-group-on-business-human-rights-on-fracking#c132233>, página consultada el 9 de mayo de 2016.

La práctica del *fracking* constituye una larga cadena de violaciones a derechos humanos antes, durante y después de su aplicación que afectan de manera directa e indirecta a las personas, los ecosistemas y el ambiente. Es fundamental entender que las violaciones tienen una gran relación entre sí y tocan muchas esferas de la vida de las personas. En México, el marco normativo que dejó la reforma energética afecta el disfrute y la garantía de derechos civiles, políticos, sociales, económicos, ambientales y de los pueblos indígenas[122] los cuales, a pesar de estar reconocidos en la Constitución y en los tratados internacionales de los que México es parte, la reforma energética ha puesto en la práctica por debajo de las empresas petroleras y la explotación de hidrocarburos no convencionales. A continuación se muestra un cuadro en donde se detallan las violaciones a derechos humanos que se desprenden de la práctica del *fracking*:

Cuadro 3. El impacto del *fracking* en los derechos humanos

Derecho humano afectado	Maneras en que es afectado
A la vida	• Posible intoxicación o deterioro de la salud que puede llevar a la muerte debido a agentes químicos o tóxicos. • Posible muerte o accidente en un sismo causado por las perforaciones.
A la consulta y la participación	• Ausencia de foros y consultas amplias a personas y pueblos indígenas.
De acceso a la información	• Falta de transparencia por parte del Estado respecto de las sustancias utilizadas. • Desconocimiento de los procedimientos utilizados y la naturaleza de los contratos con las empresas.
A la vivienda	• Afectación a las condiciones de habitabilidad. • Decremento en el valor de la propiedad.
A la salud	• Contaminación del aire, el agua y la tierra en las inmediaciones. • Posible intoxicación o deterioro de la salud que puede llevar a la muerte debido a agentes químicos o tóxicos.
A un medio ambiente sano	• Contaminación del aire, el agua y la tierra en las inmediaciones.
Al agua	• Contaminación del suministro de agua en las comunidades cercanas. • Contaminación de mantos subterráneos, el subsuelo y aguas subterráneas y superficiales.
Al trabajo	• Afectación a medios de subsistencia (agricultura, ganadería). • Desplazamiento de las zonas de trabajo debido a los impactos.
A la alimentación	• Afectación a medios de subsistencia (agricultura, ganadería). • Contaminación de cosechas y ganado destinados al consumo humano.
A la educación	• Afectación de la infraestructura de instituciones educativas. • Desplazamiento de las zonas escolares debido a los impactos.
A la libertad de expresión	• Criminalización de la protesta.

Fuente: Elaboración propia con base en la revisión bibliográfica de los apartados III, IV y VI.

[122] Areli Sandoval Terán, "El *fracking* en la explotación de hidrocarburos no convencionales: amenaza para los derechos humanos, amenaza para la vida", en Benjamín Robles Montoya (coord.), *op. cit.*, p. 66.

VII. A manera de conclusión: el ocaso de la era petrolera

De todo lo expuesto y desarrollado en los apartados anteriores es posible apreciar cómo la práctica del *fracking* vulnera, viola y afecta una amplia y diversa gama de derechos humanos. En México, ello se acentúa aún más debido al marco de operación para las empresas petroleras interesadas en proyectos de exploración y extracción de gas y petróleo no convencional que la reforma energética dejó atrás.

El hecho de recurrir al *fracking* indica que la era petrolera está en decadencia; hemos explotado por mucho tiempo los combustibles fósiles y sus efectos en el ambiente y en el planeta son visibles. Recurrir el *fracking* no resulta viable, deseable ni conveniente para nuestro futuro y el futuro del planeta. Como el presente artículo lo detalla, sus costos son altísimos y sus consecuencias muy graves. Frente a esta realidad, los gobiernos del mundo deberían realizar esfuerzos conjuntos para impulsar la investigación y el desarrollo de energías limpias y renovables, en lugar de recurrir a la utilización de hidrocarburos no convencionales que ya han provocado consecuencias irreversibles en las personas afectadas y el medio ambiente.

Un número considerable de países en el mundo se encuentra en un punto crítico, pues deben desarrollar nuevas tecnologías que permitan abastecer de energía limpia a sus poblaciones sin perjudicar la vida del planeta, dado que eventualmente ya no será posible continuar utilizando el petróleo y el gas como principales energías primarias. Debemos transitar a un modelo sustentable, lo que conlleva buscar un equilibrio entre el desarrollo económico, el abastecimiento de servicios y la protección al medio ambiente; significa satisfacer las necesidades energéticas de las sociedades actuales sin atentar contra el planeta ni comprometer a las generaciones futuras.

En México, apostarle a la implementación de la práctica del *fracking* ha tenido graves consecuencias. Otros países lo han prohibido por los riesgos que implica para el ambiente y sus poblaciones. Las autoridades mexicanas deben cambiar de dirección antes de que la situación se siga agravando. La mejor recomendación para respetar, proteger y garantizar nuestros derechos humanos frente al *fracking* es prohibirlo en todo el territorio mexicano. Asimismo, sería recomendable que se comiencen a realizar inversiones en la investigación y el desarrollo de fuentes de energía más limpias, menos costosas y renovables cuya producción no vulnere nuestros derechos humanos sino que los garantice.

VIII. Bibliografía

AEA Technology, *Support to the identification of potential risks for the environment and human health arising from hydrocarbons operations involving hydraulic fracturing in Europe*, Didcot, European Commission DG Environment, 2012, disponible en <http://ec.europa.eu/environment/integration/energy/pdf/fracking%20study.pdf>, página consultada el 4 de mayo de 2016.

Alessi, Robert J., y Jeffrey D. Kuhn, "British government lifts year-old fracking moratorium", en *DLA Piper*, 20 de diciembre de 2012, disponible en <https://www.dlapiper.com/en/mexico/insights/publications/2012/12/british-government-lifts-yearold-fracking-morato__/>, página consultada el 5 de mayo de 2016.

Algarve Surf and Marine Activities Association, "The OILGARVE Drilling Starts in October 2015 and in the horizon we have Fracking too", en *Change.org*, 9 de septiembre de 2015, disponible en <https://www.change.org/p/say-no-to-oil-rigs-in-the-algarve-diz-n%C3%A3o-%C3%A0s-plataformas-de-petr%C3%B3leo-no-algarve/u/13305668>, página consultada el 6 de mayo de 2016.

Alianza Mexicana contra el Fracking, disponible en <http://nofrackingmexico.org/>.

———, "Análisis de las leyes secundarias en materia energética aprobadas por el Senado", 24 de julio de 2014, p. 1, disponible en <http://nofrackingmexico.org/wp-content/uploads/2014/07/An%C3%A1lisis-Leyes-Segunda-Parte-dict%C3%A1menes-Senado.pdf>, página consultada el 7 de mayo de 2016.

Ánimas, Leticia, "Comunidades totonacas de Veracruz se preparan contra el *fracking*", en *Regeneración*, 25 de octubre de 2015, disponible en <http://regeneracion.mx/comunidades-totonacas-de-veracruz-se-preparan-contra-el-fracking/>, página consultada el 9 de mayo de 2016.

———, "Nace Corason contra el *fracking* en la Huasteca y el Totonacapan", en *Regeneración*, 27 de junio de 2015, disponible en <http://regeneracion.mx/nace-corason-contra-el-fracking-en-la-huasteca-y-el-totonacapan/>, página consultada el 8 de mayo de 2016.

"Anti-fracking protest rocks NY governor's state of the state address", en *RT News*, 9 de enero de 2014, disponible en <https://www.rt.com/usa/fracking-protest-new-york-348/>, página consultada el 5 de mayo de 2016.

Arkhipov, Ilya, y Anna Shiryaevskaya, "Putin Says Russia Needs to Rise to U. S. Shale-Gas Challenge", en *Bloomberg*, 11 de abril de 2012, disponible en <http://www.bloomberg.com/news/articles/2012-04-11/putin-says-russia-needs-to-rise-to-u-s-shale-gas-challenge-1->, página consultada el 6 de mayo de 2016.

Asamblea contra la fractura hidráulica de Cantabria, "Impactos del *fracking*", disponible en <http://www.fracturahidraulicano.info/impactos.html>, página consultada el 3 de mayo de 2016.

Atkin, Emily, "Scotland just announced an indefinite ban on fracking", en *Climate Progress*, 28 de enero de 2015, disponible en <http://thinkprogress.org/climate/2015/01/28/3616690/scotland-bans-fracking/>, página consultada el 5 de mayo de 2016.

Bacchetta, Víctor L., "Geopolítica del *fracking*. Impactos y riesgos ambientales", en *Nueva Sociedad. Democracia y política en América Latina*, marzo-abril de 2013, disponible en <http://nuso.org/articulo/geopolitica-del-fracking-impactos-y-riesgos-ambientales/>, página consultada el 3 de mayo de 2016.

Behar, Michael, "Fracking's Latest Scandal? Earthquake Swarms", en *Mother Jones*, marzo-abril de 2013, disponible en <http://www.motherjones.com/environment/2013/03/does-fracking-cause-earthquakes-wastewater-dewatering>, página consultada el 4 de mayo de 2016.

Bellinghausen, Hermann, "Alarma en la Huasteca ante la embestida del *fracking*", en *La Jornada*, México, 1 de marzo de 2015, disponible en <http://www.jornada.unam.mx/2015/03/01/politica/002n1pol>, página consultada el 8 de mayo de 2016.

Bierman, Stephen, "Shell Venture Starts Fracking Giant Russian Shale Oil Formation", en *Bloomberg*, 13 de enero de 2014, disponible en <http://www.bloomberg.com/news/articles/2014-01-13/shell-venture-starts-fracking-giant-russian-shale-oil-formation>, página consultada el 6 de mayo de 2016.

Bran, Mirel, "Bulgaria becomes second state to impose ban on shale-gas exploration", en *The Guardian*, 14 de febrero de 2012, disponible en <http://www.theguardian.com/world/2012/feb/14/bulgaria-bans-shale-gas-exploration>, página consultada el 5 de mayo de 2016.

Cama, Timothy, "Maryland bans fracking", en *The Hill*, 1 de junio de 2015, disponible en <http://thehill.com/policy/energy-environment/243625-maryland-bans-fracking>, página consultada el 5 de mayo de 2016.

Campero Arena, Claudia, "Impactos socioambientales en los procesos de fractura hidráulica", en Robles Montoya, Benjamín (coord.), *Impacto social y ambiental del fracking*, México, Senado de la República, LXII Legislatura/Alianza Mexicana contra el Fracking, 2014, pp. 41-47, disponible en <http://www.nofrackingmexico.org/libro.pdf>, página consultada el 3 de mayo de 2016.

Carroll, Lauren, "Obama: America is No. 1 producer of oil, gas", en *PolitiFact*, Washington, D. C., 21 de enero de 2015, disponible en <http://www.politifact.com/truth-o-meter/statements/2015/jan/21/barack-obama/obama-america-no-1-producer-oil-gas/>, página consultada el 5 de mayo de 2016.

Carroll, Rory, "Santa Cruz becomes first California county to ban fracking", en *Reuters*, San Francisco, 20 de mayo de 2014, disponible en <http://www.reuters.com/article/california-fracking-idUSL1N0O700J20140521>, página consultada el 5 de mayo de 2016.

CartoCrítica, disponible en <http://www.cartocritica.org.mx/>.

———, "*Fracking* en México", 22 de mayo de 2015, disponible en <http://www.cartocritica.org.mx/2015/fracking-en-mexico/>, página consultada el 4 de mayo de 2016.

Comisión Nacional de Hidrocarburos, *Proyecto Aceite terciario del golfo. Primera revisión y recomendaciones*, México, Sener, 2010, disponible en <http://www.cnh.gob.mx/_docs/ATG/ATG_primera_revision_8abril.pdf>, página consultada el 4 de mayo de 2016.

Comunidad de Madrid, *El petróleo. El recorrido de la energía*, Madrid, Comunidad de Madrid/Repsol, 2002, disponible en <http://www.fenercom.com/pdf/aula/recorrido-de-la-energia-el-petroleo.pdf>, página consultada el 4 de mayo de 2016.

Concha, Miguel, "Hidrocarburos y criminalización de la protesta social", en *La Jornada*, México, 26 de diciembre de 2015, disponible en <http://www.jornada.unam.mx/2015/12/26/opinion/015a2pol>, página consultada el 9 de mayo de 2016.

Constitución Política de los Estados Unidos Mexicanos, publicada en el *Diario Oficial de la Federación* el 5 de febrero de 1917; última reforma publicada el 29 de enero de 2016, disponible en <http://www.diputados.gob.mx/LeyesBiblio/pdf/1_29ene16.pdf>, página consultada el 9 de mayo de 2016.

Corral Jurado, Javier, "Presentación", en *Robles Montoya, Benjamín (coord.), Impacto social y ambiental del fracking, México,* Senado de la República, LXII Legislatura/Alianza Mexicana contra el Fracking, 2014, pp. 13-15, disponible en <http://www.nofrackingmexico.org/libro.pdf>, página consultada el 3 de mayo de 2016.

"Czechs eye moratorium on shale gas exploration", en *Chicago Tribune*, 7 de mayo de 2012, disponible en <http://articles.chicagotribune.com/2012-05-07/news/sns-rt-us-shale-czech-moratoriumbre84608l-20120507_1_shale-gas-czech-republic-drilling-method>, página consultada el 6 de mayo de 2016.

Declaración de Río sobre el Medio Ambiente y el Desarrollo, aprobada por la Conferencia de las Naciones Unidas sobre el Medio Ambiente y el Desarrollo del 3 al 14 de junio de 1992, disponible en <http://www.un.org/spanish/esa/sustdev/agenda21/riodeclaration.htm>, página consultada el 8 de mayo de 2016.

Decreto por el que se reforman y adicionan diversas disposiciones de la Constitución Política de los Estados Unidos Mexicanos, en materia de energía, publicado en el *Diario Oficial de la Federación* el 20 de diciembre de 2013, disponible en <http://www.dof.gob.mx/nota_detalle.php?codigo=5327463&fecha=20/12/2013>, página consultada el 4 de mayo de 2016.

"Dutch government bans shale till 2020", en *Shale Gas International*, 13 de julio de 2015, disponible en <http://www.shalegas.international/2015/07/13/dutch-government-bans-shale-till-2020/>, página consultada el 5 de mayo de 2016.

"El TC declara inconstitucional la ley que prohíbe el 'fracking' en Catalunya", en *Europa Press*, Barcelona, 25 de abril de 2016, disponible en <http://www.europapress.es/catalunya/noticia-tc-declara-inconstitucional-ley-prohibe-fracking-catalunya-20160425152631.html>, página consultada el 5 de mayo de 2016.

Environment and Human Rights Advisory, *A Human Rights Assessment of Hydraulic Fracturing for Natural Gas*, Yachats, EHRA, 2011, disponible en <https://www.earthworksaction.org/

files/publications/EHRA_Human-rights-fracking-FINAL.pdf>, página consultada el 9 de mayo de 2016.

Ferrari, Luca, "Pico del petróleo convencional y costos del petróleo no convencional (*fracking*)", en *Robles Montoya, Benjamín (coord.), Impacto social y ambiental del fracking*, México, Senado de la República, LXII Legislatura/Alianza Mexicana contra el Fracking, 2014, pp. 23-39, disponible en <http://www.nofrackingmexico.org/libro.pdf>, página consultada el 3 de mayo de 2016.

Fox, Josh, *et al.*, "500+ orgs. call on UN Working Group to investigate human rights & environmental impacts of fracking", en *Business & Human Rights Resource Centre*, 25 de enero de 2016, disponible en <http://business-humanrights.org/en/letter-to-un-working-group-on-business-human-rights-on-fracking#c132233>, página consultada el 9 de mayo de 2016.

"Gaz de schiste: le Parlement interdit l'utilisation de la fracturation hydraulique", en *Le Monde*, 30 de junio de 2011, disponible en <http://www.lemonde.fr/planete/article/2011/06/30/gaz-de-schiste-le-parlement-interdit-l-utilisation-de-la-fracturation-hydraulique_1543252_3244.html>, página consultada el 5 de mayo de 2016.

"Germany's Fracking Retreat", en *The Wall Street Journal*, 8 de julio de 2014, disponible en <http://www.wsj.com/articles/germany-bans-fracking-1404763231>, página consultada el 5 de mayo de 2016.

Gobierno de la República, *Reforma energética*, México, Gobierno de la República, s. f., disponible en <http://cdn.reformaenergetica.gob.mx/explicacion.pdf>, página consultada el 4 de mayo de 2016.

Godoy, Emilio, "*Fracking* y sismos van de la mano en México", en *Regeneración*, 9 de abril de 2014, disponible en <http://regeneracion.mx/fracking-y-sismos-van-de-la-mano-en-mexico/>, página consultada el 9 de mayo de 2016.

Hellier, David, "UK government hands out new fracking licenses", en *The Guardian*, 17 de diciembre de 2015, disponible en <http://www.theguardian.com/environment/2015/dec/17/fracking-uk-government-hands-out-new-licences>, página consultada el 5 de mayo de 2016.

Herron, David, "Shell, Chevron, pull out of fracking deals in Ukraine citing the war with Separatists and Russia", en *The Long Tail Pipe*, 11 de junio de 2015, disponible en <http://longtailpipe.com/2015/06/11/6415/>, página consultada el 6 de mayo de 2016.

———, "Ukraine's revolution stems from dependency on Russian natural gas and plans to frack themselves free of Russia*", en The Long Tail Pipe, 19 de febrero de 2014,* disponible en <http://longtailpipe.com/2014/02/19/ukraines-revolution-stems-fro/>, página consultada el 6 de mayo de 2016.

Hromadko, Jan, y Harriet Torry, "Germany bans fracking till 2021", en *The Australian*, 7 de julio de 2014, disponible en <http://www.theaustralian.com.au/business/wall-street-journal/germany-bans-fracking-till-2021/news-story/94e08354e0c1a02a4594ac4f8f561376>, página consultada el 5 de mayo de 2016.

"Irish government rules out fracking in the Republic of Ireland", en *Belfast Telegraph*, Belfast, 18 de diciembre de 2015, disponible en <http://www.belfasttelegraph.co.uk/news/republic-of-ireland/irish-government-rules-out-fracking-in-the-republic-of-ireland-34298826.html>, página consultada el 6 de mayo de 2016.

Lastiri, Xanath, "Papantla despierta, y en su patio hay *fracking*; ¿quién lo hizo sin nosotros?, reclama", en *SinEmbargo.mx*, 22 de noviembre de 2015, disponible en <http://www.sinembargo.mx/22-11-2015/1558554>, página consultada el 9 de mayo de 2016.

Ley de Hidrocarburos, publicada en el *Diario Oficial de la Federación* el 11 de agosto de 2014, disponible en <http://www.dof.gob.mx/nota_detalle.php?codigo=5355989&fecha=11/08/2014>, página consultada el 7 de mayo de 2016.

Ley de la Agencia Nacional de Seguridad Industrial y de Protección al Medio Ambiente del Sector Hidrocarburos, publicada en el *Diario Oficial de la Federación* el 11 de agosto de 2014, disponible en <http://www.diputados.gob.mx/LeyesBiblio/pdf/LANSI_110814.pdf>, página consultada el 7 de mayo de 2016.

Ley de la Industria Eléctrica, publicada en el *Diario Oficial de la Federación* el 11 de agosto de 2014, disponible en <http://www.dof.gob.mx/nota_detalle.php?codigo=5355986&fecha=11/08/2014>, página consultada el 7 de mayo de 2016.

Martínez, Sanjuana, "La explosión, como ronquido que sale de la tierra y todo vibra; nunca sentí nada igual", en *La Jornada*, México, 16 de marzo de 2014, disponible en <http://www.jornada.unam.mx/2014/03/16/politica/007n1pol>, página consultada el 9 de mayo de 2016.

———, "Los temblores causados por el *fracking* ya causaron daño en una primaria de NL", en *La Jornada*, México, 30 de marzo de 2014, disponible en <http://www.jornada.unam.mx/2014/03/30/politica/010n1pol>, página consultada el 9 de mayo de 2016.

Matze, Mariel, "Río Negro Town Bans 'Fracking'", en *The Argentina Independent*, 10 de enero de 2013, disponible en <http://www.argentinaindependent.com/currentaffairs/latest-news/newsfromargentina/rio-negro-town-bans-fracking/>, página consultada el 6 de mayo de 2016.

Maylie, Devon, y Alexis Flynn, "South Africa Lifts Fracking Ban", en *The Wall Street Journal*, 7 de septiembre de 2012, disponible en <http://www.wsj.com/articles/SB10000872396390443589304577637382738533386>, página consultada el 6 de mayo de 2016.

Moreno, Marco Antonio, "China entra al *fracking* en yuanes y amenaza el arma principal de Estados Unidos", en *El Blog Salmón*, 18 de agosto de 2014, disponible en <http://www.elblogsalmon.com/economia/china-entra-al-fracking-en-yuanes-y-amenaza-el-arma-principal-de-estados-unidos>, página consultada el 6 de mayo de 2016.

Neslen, Arthur, "Polish shale industry collapsing as number of licenses nearly halves", en *The Guardian*, 9 de octubre de 2015, disponible en <http://www.theguardian.com/

environment/2015/oct/09/polish-shale-industry-collapsing-as-number-of-licenses-nearly-halves>, página consultada el 6 de mayo de 2016.

"No fracking of shale gas in Luxembourg", en *Luxemburger Wort*, 9 de abril de 2013, disponible en <http://www.wort.lu/en/luxembourg/no-fracking-of-shale-gas-in-luxembourg-50a37ff8e4b0e83edf95f923>, página consultada el 6 de mayo de 2016.

OECD Watch, *Calling for Corporate Accountability: A Guide to the 2011 OECD Guidelines for Multinational Enterprises*, OECD Watch, 2013, 50 pp., disponible en <http://www.oecdwatch.org/publications-en/Publication_3962/>, página consultada el 9 de mayo de 2016.

Oficina del Alto Comisionado de las Naciones Unidas para los Derechos Humanos, *Principios Rectores sobre las Empresas y los Derechos Humanos. Puesta en práctica del marco de las Naciones Unidas para "proteger, respetar y remediar"*, Nueva York y Ginebra, OACNUDH, 2011, disponible en <http://www.ohchr.org/Documents/Publications/GuidingPrinciplesBusinessHR_SP.pdf>, página consultada el 9 de mayo de 2016.

"Oil companies begin 'fracking' in China's most dangerous earthquake zone", en *RT News, 1 de agosto de 2013,* disponible en <https://www.rt.com/business/china-gas-shale-earthquake-895/>, página consultada el 6 de mayo de 2016.

Organización Internacional del Trabajo, Convenio núm. 169 sobre pueblos indígenas y tribales en países independientes, adoptado por la Conferencia General de la OIT durante su 76ª reunión, Ginebra, 27 de junio de 1989, disponible en <https://www.scjn.gob.mx/libro/InstrumentosConvenio/PAG0365.pdf>, página consultada el 7 de mayo de 2016.

Pantsios, Anastasia, "Fracking Literally Makes People Sick, New Study Finds", en *EcoWatch*, 11 de septiembre de 2014, disponible en <http://ecowatch.com/2014/09/11/fracking-pennsylvania-people-sick/>, página consultada el 4 de mayo de 2016.

Peeples, Lynne, "Fracking Pollution Sickens Pennsylvania Families, Environmental Group Says", en *The Huffington Post*, 18 de octubre de 2012, disponible en <http://www.huffingtonpost.com/2012/10/18/fracking-pollution-pennsylvania_n_1982320.html>, página consultada el 4 de mayo de 2016.

Philpott, Tom, "The Surprising Connection Between Food and Fracking", en *Mother Jones*, 30 de enero de 2013, disponible en <http://www.motherjones.com/tom-philpott/2013/01/foodfracking-connection-youve-never-thought-about>, página consultada el 3 de mayo de 2016.

"Protestan contra el *fracking* en la marcha de la UV", en *Regeneración*, 11 de marzo de 2016, disponible en <http://regeneracion.mx/protestan-contra-el-fracking-en-la-marcha-de-la-uv/>, página consultada el 9 de mayo de 2016.

Ramírez, Érika, "Transnacionales sobre el territorio de 2 mil 500 comunidades campesinas", en *Contralínea*, 4 de enero de 2015, disponible en <http://www.contralinea.com.mx/archivo-revista/index.php/2015/01/04/trasnacionales-sobre-el-territorio-de-2-mil-500-comunidades-campesinas/>, página consultada el 8 de mayo de 2016.

Rapoza, Kenneth, "Fracking Russia: country rules on shale oil, if they can pull it out of the ground", en *Forbes*, 11 de junio de 2013, disponible en <http://www.forbes.com/sites/kenrapoza/2013/06/11/fracking-russia-country-rules-on-shale-oil-if-they-can-pull-it-out-of-the-ground/#20041920430b>, página consultada el 6 de mayo de 2016.

Robles Montoya, Benjamín (coord.), *Impacto social y ambiental del fracking*, México, Senado de la República, LXII Legislatura/Alianza Mexicana contra el Fracking, 2014, 76 pp., disponible en <http://www.nofrackingmexico.org/libro.pdf>, página consultada el 3 de mayo de 2016.

Rodale, Maria, "Why All States Should All Have a New York State of Mind", en *The Huffington Post*, 7 de enero de 2015, actualizado el 9 de marzo de 2015, disponible en <http://www.huffingtonpost.com/maria-rodale/why-all-states-should-all_b_6416764.html>, página consultada el 5 de mayo de 2016.

"Romanian politicians switch from ban to full support", en *Fracking Romania*, disponible en <http://fracking.casajurnalistului.ro/english/>, página consultada el 5 de mayo de 2016.

Sandoval Terán, Areli, "El *fracking* en la explotación de hidrocarburos no convencionales: amenaza para los derechos humanos, amenaza para la vida", en Robles Montoya, Benjamín (coord.), *Impacto social y ambiental del fracking*, México, Senado de la República, LXII Legislatura/Alianza Mexicana contra el Fracking, 2014, pp. 65-72, disponible en <http://www.nofrackingmexico.org/libro.pdf>, página consultada el 3 de mayo de 2016.

Santoyo, Becky, "México se suma a las protestas contra el *fracking*", en *Veo Verde*, 10 de octubre de 2014, disponible en <https://www.veoverde.com/2014/10/mexico-se-suma-a-las-protestas-contra-el-fracking/>, página consultada el 9 de mayo de 2016.

Schilke, Jacki, "Livestock falling ill in fracking regions", en *NBC News*, 29 de noviembre de 2012, disponible en <http://investigations.nbcnews.com/_news/2012/11/29/15547283-livestock-falling-ill-in-fracking-regions>, página consultada el 4 de mayo de 2016.

Seth, Shobhit, "Countries With The Highest Fracking Potential", en *Investopedia*, 16 de septiembre de 2014, disponible en <http://www.investopedia.com/articles/investing/091614/countries-highest-fracking-potential.asp>, página consultada el 4 de mayo de 2016.

Sevillano, Elena G., "La avanzadilla del 'fracking' en Europa", en *El País*, 25 de enero de 2014, disponible en <http://sociedad.elpais.com/sociedad/2014/01/25/actualidad/1390679223_027389.html>, página consultada el 6 de mayo de 2016.

"Shale gas ban in France to remain, says Hollande", en *BBC News*, 15 de julio de 2013, disponible en <http://www.bbc.com/news/business-23311963>, página consultada el 5 de mayo de 2016.

"Shale-rich Spanish region votes to ban fracking", en *EurActiv.com*, 9 de abril de 2013, disponible en <http://www.euractiv.com/section/energy/news/shale-rich-spanish-region-votes-to-ban-fracking/>, página consultada el 5 de mayo de 2016.

Shields, Alexandre, "Gaz de schiste: Québec veut imposer son moratoire jusqu'à l'adoption d'un régime législatif", en *Le Devoir*, 15 de mayo de 2013, disponible en <http://www.ledevoir.

com/environnement/actualites-sur-l-environnement/378256/moratoire-pour-l-industrie-du-gaz-de-schiste>, página consultada el 5 de mayo de 2016.

Sjolin, Sara, "China's shale ambition: 23 times the output in 5 years", en *Market Watch*, 12 de febrero de 2015, disponible en <http://www.marketwatch.com/story/chinas-shale-ambition-23-times-the-output-in-5-years-2015-02-11>, página consultada el 6 de mayo de 2016.

Smiley, Stephen, "Fracking banned for five years by Tasmanian Government", en *ABC*, 26 de febrero de 2015, disponible en <http://www.abc.net.au/news/2015-02-26/fracking-banned-for-five-years-by-tasmanian-government/6265378>, página consultada el 6 de mayo de 2016.

"Switzerland joins worldwide ban on gas fracking", en *Coal Seam Gas News*, 23 de mayo de 2011, disponible en <http://coalseamgasnews.org/news/world/switzerland-joins-worldwide-ban-on-gas-fracking/>, página consultada el 6 de mayo de 2016.

Taillant, Jorge Daniel, *et al.*, *Human Rights and the Business of Fracking. Applying the UN Guiding Principles on Business and Human Rights to Hydraulic Fracturing*, CHRE, 2015, 107 pp., disponible en <http://wp.cedha.net/wp-content/uploads/2015/11/Fracking-and-UNGPs-Draft-2-September-29-2015.pdf>, página consultada el 9 de mayo de 2016.

TEDX. The Endocrine Disruption Exchange, "Chemicals in Oil and Gas Operations. Health", disponible en <http://endocrinedisruption.org/chemicals-in-natural-gas-operations/health>, página consultada el 3 de mayo de 2016.

"Texas city bans fracking in its birthplace, court battles loom", en *Chicago Tribune*, 5 de noviembre de 2014, disponible en <http://www.chicagotribune.com/news/nationworld/chi-denton-fracking-ban-20141105-story.html>, página consultada el 5 de mayo de 2016.

"The Netherlands puts temporary ban on fracking ahead of further research", en *Blue & Green Tomorrow*, 20 de septiembre de 2013, disponible en <http://blueandgreentomorrow.com/2013/09/20/the-netherlands-puts-temporary-ban-on-fracking-ahead-of-further-research/>, página consultada el 6 de mayo de 2016.

Tyndall Centre for Climate Change Research, *Shale gas: a provisional assessment of climate change and environmental impacts*, Manchester, The Tyndall Centre-Universidad de Manchester, enero de 2011, 82 pp., disponible en <http://www.tyndall.ac.uk/sites/default/files/tyndall-coop_shale_gas_report_final.pdf>, página consultada el 3 de mayo de 2016.

U. S. Energy Information Administration, *Technically Recoverable Shale Oil and Shale Gas Resources: Mexico*, Washington, D. C., EIA, septiembre de 2015, disponible en <http://www.eia.gov/analysis/studies/worldshalegas/pdf/Mexico_2013.pdf>, página consultada el 4 de mayo de 2016.

"UPDATE 1-Dutch government bans shale gas drilling for 5 years", en *Reuters*, Ámsterdam, 10 de julio de 2015, disponible en <http://www.reuters.com/article/netherlands-energy-shale-idUSL8N0ZQ2S720150710>, página consultada el 6 de mayo de 2016.

Valdés Aguirre, Claudia Lucía "El *fracking*: impactos ambientales y socioeconómicos", 9 pp., disponible en <http://www.mufm.fr/sites/mufm.univ-toulouse.fr/files/claudia_lucia_valdes_aguirre.pdf>, página consultada el 3 de mayo de 2016.

"Valle de Mena (Burgos) se declara municipio 'libre de fracking' ante la falta de información y transparencia", en *Europa Press*, Valladolid, 5 de julio de 2012, disponible en <http://www.europapress.es/castilla-y-leon/noticia-valle-mena-burgos-declara-municipio-libre-fracking-falta-informacion-transparencia-20120705173242.html>, página consultada el 5 de mayo de 2016.

"Vermont first state to ban fracking", en *CNN*, 17 de mayo de 2012, disponible en <http://edition.cnn.com/2012/05/17/us/vermont-fracking/>, página consultada el 5 de mayo de 2016.

"Wales Extends Moratorium on Fracking", en *Sputnik*, Moscú, 25 de marzo de 2016, disponible en <http://sputniknews.com/business/20160325/1036958959/wales-fracking-moratorium.html>, página consultada el 5 de mayo de 2016.

Williamson, Claire, "Fracking banned in Northern Ireland for the first time", en *Belfast Telegraph*, Belfast, 28 de septiembre de 2015, disponible en <http://www.belfasttelegraph.co.uk/news/northern-ireland/fracking-banned-in-northern-ireland-for-the-first-time-31564424.html>, página consultada el 6 de mayo de 2016.

Wockner, Gary, "Democracy at Its Best: Boulder County Extends Fracking Ban", en *EcoWatch*, 14 de noviembre de 2014, disponible en <http://ecowatch.com/2014/11/14/boulder-county-fracking-ban/?utm_source=EcoWatch+List&utm_campaign=86243d34db-Top_News_11_14_2014&utm_medium=email&utm_term=0_49c7d43dc9-86243d34db-85947201>, página consultada el 5 de mayo de 2016.

Índice

Printed by Books on Demand GmbH, Norderstedt / Germany